Hans-Joachim Höhn

In Gottes Ohr

Hans-Joachim Höhn

# In Gottes Ohr

## Von der Kunst
## poetischer Gottesrede

HERDER

FREIBURG · BASEL · WIEN

MIX
Papier | Fördert
gute Waldnutzung
FSC    FSC® C083411
www.fsc.org

© Verlag Herder GmbH, Freiburg im Breisgau 2022
Alle Rechte vorbehalten
www.herder.de
Umschlaggestaltung: Verlag Herder
Umschlagmotiv: Annegret Wöstmann,
Sandrelief, 1997, Ohne Titel, 40 × 50 cm
Satz: SatzWeise, Bad Wünnenberg
Herstellung: CPI books GmbH, Leck
ISBN Print 978-3-451-39403-4
ISBN E-Book (PDF) 978-3-451-82832-4

# Inhalt

Glaube und Gläubiger (104) · Komparativ III: Sprachspiel und Sprachspieler (108) · Moral: Tun und Lassen (114) · Dr. K. Lauers Anfragen beim Nationalen Ethikrat (116) · Kirche: kreuz und quer (125) · Theologie: aufklaren/ aufheitern (133)

## IV. Letzte Worte:
## Einen Schlußstrich ziehen . . . . . . . . . . . . 139

Aufhören, weil es keinen Spaß mehr macht (141) · Aufhören, sobald die Lust zur Last wird (143) · Aufhören, damit es besser weitergehen kann (144) · Aufhören, wenn Verbesserungen nichts Gutes verheißen (145) · Aufhören, sofern nichts mehr zu machen ist (147) · Aufhören um abzudanken (149)

# Vorwort

„Dein Wort in Gottes Ohr!" – Zustimmung und Skepsis drückt dieser Wunsch aus. Er nimmt zustimmend auf, was ein Mensch gerade geäußert hat, und adressiert diese Aussage zugleich an Gott. Mit diesem Wunsch verbindet sich jedoch ein Zweifel. Man ist skeptisch, ob ein Wort des Menschen das Ohr Gottes tatsächlich erreicht. Findet er überhaupt Gehör, wird er auch erhört?

Nicht geringer ist die Skepsis, wenn von oder über Gott geredet wird. Geht solches Reden heute noch ins Ohr des Menschen? Falls nicht, woran liegt es? An einer Verstopfung seiner Gehörgänge, an zunehmender Taubheit – oder ist die Rede von Gott zum bloßen Gerede verkommen? Ist der religiöse Wortreichtum nicht längst inflationär entwertet und darum nichtssagend geworden? Vermutlich liegt es tatsächlich daran, dass zu viele Worte gemacht werden. Müsste ein Mensch, der meint, etwas zu sagen zu haben, nicht auch in der Lage sein, dies möglichst knapp und prägnant mitzuteilen? Und müsste dafür nicht auch eine literarische Form gesucht werden, die ein möglichst kleines Format verwendet?

Der Theologie fällt es schwer, sich auf ein publizistisches Kleinformat einzulassen. Große Theologen werden an einem „opus magnum" erkannt. Und wer in dieser Zunft zu besonderer Größe aufsteigen will, darf sich mit einer Monographie nicht begnügen, sondern muss zumindest eine Trilogie vorlegen. Gelingt dies einem akademischen Lehrer nicht zu Lebzeiten, muss die Generation seiner Schüler/innen nachhelfen. Mehrbändige „Gesammelte Werke" oder die Edition verstreuter Beiträge in der Reihe „Sämtliche

7

Schriften" sorgen dann für einen entsprechenden Bedeutsamkeitsnachweis ihres Lehrmeisters.

Die folgenden Überlegungen füllen zwar auch etliche Seiten, aber im Zentrum stehen Formen theologischer Kurzprosa und Lyrik, in denen wortkarg verdichtet und aphoristisch zugespitzt die Sprache auf Gott kommt. Dass große Themen des christlichen Glaubens (Gott, Offenbarung, Erlösung) auf ein literarisches Kleinformat gebracht werden können, wird vermutlich nicht auf Anhieb einleuchten. Häufig ist in der Theologie die Überzeugung antreffbar, dass man über große Themen viele Worte machen muss, wenn man ihnen gerecht werden will. Aber es geht auch anders. Auch von der Theologie darf man erwarten, dass sie ohne Umschweife zur Sache kommt und Einsichten über Gott und die Welt präsentiert, für die in Abwandlung einer Notiz von Ludwig Wittgenstein gilt: Alles, was gesagt werden kann, muss kurz und knapp gesagt werden können.

Wie man prägnant und pointiert, gehaltvoll und stilsicher die Sprache auf Gott bringen kann, ist die Leitfrage dieses Buches. Die einzelnen Kapitel beschreiben den Weg von einer akademisch umständlichen zu einer poetisch ausdrucksstarken Textproduktion. Am Anfang steht eine Analyse von Defiziten und Desideraten theologischer Rede von und über Gott. Danach geht es um literarische Formen, poetische Stilmittel und Tonlagen, mit denen Gott heute zur Sprache gebracht werden kann. Mit dem anschließenden Versuch, das Feld der theologischen Aphoristik neu zu bestellen, soll anhand zahlreicher Beispiele erprobt werden, wie Dicht- und Denkkunst in einer besonders konzentrierten Form miteinander verknüpft werden können.

Der in diesen Etappen vollzogene Wechsel vom theologischen Traktat zum theopoetischen Stenogramm folgt der Devise: Was nicht in kurze Texte passt, ist kaum der

Rede wert. Man mag in dieser Formel eine Nötigung erkennen. Aber sie dient der Verhinderung von Geschwafel und Geschwätz. In vielen beruflichen Zusammenhängen müssen Theologinnen und Theologen ohnehin ihre Anliegen kurz und bündig präsentieren. Wer seinen Zeitschriftenartikeln ein Abstract voranstellen muss, wer in Lehrbüchern für den Religionsunterricht abgedruckt werden will, wer via Twitter theologische Kurznachrichten verbreiten möchte, kommt nicht daran vorbei, alles Wichtige kurz und gut zu formulieren. Das Einsatzspektrum theologischer Kurz- und Kleinanzeigen ist beträchtlich. Wer Predigten vorbereitet, Pfarrbriefe redigiert, nach Impulsen für Exerzitien im Alltag sucht, ist gut beraten, sich auch einen Fundus von eingängigen „Merksätzen" anzulegen. Form und Inhalt sollten derart durchgestylt sein, dass man sich beides leicht merken kann. Ich würde mich freuen, wenn das Kapitel über theologische Aphorismen für diese Zwecke ausgebeutet wird.

Kürze und Würze verlangen nicht nur Begrüßungen und Vorworte. Unter dieser Erwartung steht auch eine Abschiedsvorlesung, die nach einem langen theologischen Arbeitsleben zu halten ist. Ein entsprechender Vorschlag findet sich im Schlusskapitel dieses Buches. Dieser Vorschlag bewirbt sich ebenfalls um das Prädikat „kurz und gut", braucht dafür aber mehr Platz als ein Aphorismus. Er berichtet von der Suche nach passenden Worten, wenn ein Autor unter seine bisherige Textproduktion einen Schlussstrich ziehen möchte. Was diesem Schlusswort nicht fehlen sollte, ist neben theologischem Esprit auch eine Prise Poesie.

Köln im Sommer 2022 Hans-Joachim Höhn

# I. Hörsturz:
# Wenn zu viel über/von/zu Gott geredet wird

Die Theologie denkt nach über Gott und redet von Gott.
Was in theologischen Büchern zu lesen ist, handelt jedoch
vielfach nicht von Gott. Oft wird in der Theologie lediglich
über das Wort „Gott" nachgedacht und mitgeteilt, was bei
diesem Nachdenken noch der Rede wert ist. Dabei tritt in
den Hintergrund, dass es in der Theologie vor allem um die
Frage geht, inwieweit menschliches Sprechen tatsächlich
Gott erreicht und ob Gott selbst beim Menschen zu Wort
kommen kann. Wie lässt sich zeigen, dass Gott dem Menschen etwas zu sagen hat? Wie steht es um die Möglichkeit,
nicht nur von ihm zu reden, sondern auch zu ihm zu
sprechen? Trifft man hinter der Adresse „Gott" tatsächlich
Gott an?
   Ähnliche Fragen tauchen auf, wenn man der Theologie
die Aufgabe zuweist, die Bibel als Wort Gottes auszulegen.
Sie gilt als Ur-Kunde eines Dialoges zwischen Gott und
Mensch, als ursprüngliches und maßgebliches Zeugnis seiner Offenbarung und der Rede von, zu und über Gott. Aber
wie überzeugend ist dieses Zeugnis noch? Ist von der Offenbarung Gottes in der Geschichte nur noch eine Abwesen-
heitsnotiz übrig geblieben, die Gott in „heiligen" Schriften
hinterlegt hat? Lange Zeit hat er offenkundig nichts mehr
von sich hören lassen. Wird er sich jemals noch einmal zu
Wort melden? Sollen wir noch zu jemandem beten, der sich
in Schweigen hüllt? Sollen wir an ihn noch unsere Hoffnungen und Sehnsüchte richten? Oder wäre es besser, darüber
kein Wort mehr zu verlieren? Was gilt noch das Wort, das
Gott einst für den Menschen übrig hatte?

Den Hoffenden führst du
unter den offenen Himmel

den Sehenden stellst du
vor die Weite der See,

und dem, der verloren war,
gibst du dein Wort.

(Uwe Kolbe)[1]

An Gott werden viele Worte gerichtet. Von ihm ist wenig zu
vernehmen. Von ihm gibt es nur das Wort „Gott". Ist er
selbst so einsilbig wie das Wort „Gott"? Ist dieses Wort alles,
was noch von ihm zu vermelden ist? Für viele Christen besteht eine bedrückende Diskrepanz zwischen dem Schweigen Gottes und einer redseligen Glaubensverkündigung.
Diese Diskrepanz betrifft alle Versuche, einen Gotteskon-
takt herzustellen – sei es das Reden zu und mit Gott im
Gebet oder sei es das Reden von und über Gott im theologischen Diskurs.[2] Gott scheint sich an diesem Reden nicht zu
beteiligen.[3]

Nicht geringer und nicht seltener ist die Diskrepanz zwischen wortreichen Predigten, ausgefeilten Katechesen,
wohldurchdachten Vorlesungen und der Resonanz ihres Pu-
blikums. Oft regen sich weder Zustimmung noch Widerspruch. Kein Einspruch wird erhoben, kein Vorbehalt wird
geltend gemacht. Das Gesagte wird von der Hörerschaft
schlicht überhört. Vielleicht hängt man lieber seinen eigenen frommen Gedanken nach, flüchtet sich bei langweiligen
Gottesdiensten in eine individuelle Meditationstrance oder
hält eine intellektuelle Glaubensreflexion sowieso für eine
überflüssige Ablenkung vom Rezitieren unbezweifelbarer
Glaubenswahrheiten.

Daran hat sich nicht viel geändert, seitdem liturgische Andachten gestreamt und Kanzelreden in Podcasts verpackt werden.[4] Wenn Theologen[5] zu Bloggern werden und sich im Internet ein akademisches Feuilleton anlegen, ist dies durchaus zu begrüßen. Endlich erkennt die Theologie die Zeichen der Zeit und nimmt teil am Wettbewerb um mediale Aufmerksamkeit. Die Resonanz ihrer Wortmeldungen auf den digitalen Kanälen und Frequenzen ist jedoch kaum größer als zu jenen Zeiten, in denen sie mit Druckerzeugnissen Eindruck machen wollte. Was ihre Vertreter auf der Jagd nach Klicks und Likes erbeuten, ist meistens freundlicher Applaus von Gleichgesinnten. Gelegentlich können kritische Reaktionen aber auch in aggressiver Verunglimpfung eskalieren. Wer in den Social Media allerdings nach innovativem „content" sucht, entdeckt in neuen Schläuchen keineswegs neuen Wein.[6] Bekenntnistreue Traditionalisten, erweckungsverzückte Charismatiker und unverdrossene Kirchenreformer bedienen ihre Klientel mit Texten und Traktaten, deren Anliegen hinlänglich bekannt sind. Auf konservativen Plattformen werden in Stil und Inhalt ungebrochen Traditionsrhetorik und Kirchenapologetik verbreitet. Klatsch und Tratsch aus der römischen Kurie mischt sich mit biederen Einladungen zu Wallfahrten inklusive Marienerscheinungsgarantie. Auf erzkatholischen Youtubekanälen kann man ein Kurzfilmfestival von Katechismuswahrheiten besuchen. Das liberale Lager wartet frustrationsresistent mit modernitätsgetränkter Traditionskritik und unerfüllten Innovationsagenden auf.

So verschieden diese Aktivitäten nach Motiv- und Interessenslage auch sein mögen, so ähneln sie sich doch in einer wesentlichen Hinsicht. Es handelt sich um mediale Blasenbildungen. Man sucht die größtmögliche Öffentlichkeit und wählt deshalb die Internetpräsenz. Aber man spricht stets dieselbe Klientel an. Vokabular, Diktion und Stil signalisieren eine Gesinnung, mit der sich Gleichgestimmte leicht identifizieren können. Vermeintlich wird dieses Vorgehen von Marketingexperten gestützt, die zu zielgruppenspezifischer Kommunikation auffordern. Allerdings verhindert diese Orientierung sowohl die Kritik an Vokabular, Diktion und Stil religiöser Kommunikation als auch deren Innovation.[7]

Wer angesichts dieser misslichen Situation um Abhilfe und Auswege gefragt wird, muss zunächst die Krisendiagnose überprüfen. Wie steht es um die Verlegenheit, in einer religiös schwerhörigen Zeit von und zu Gott zu sprechen? Inwieweit ist die Theologie beteiligt an der Verschärfung dieses Problems? Errichtet sie zusätzliche Sprachbarrieren? Ist sie sich ihrer sprachschöpferischen Aufgabe und stilbildenden Funktion auf dem Feld der religiösen Kommunikation hinreichend bewusst? Kommen in der theologischen Aus- und Weiterbildung in ausreichendem Maße Sprach- und Stilbildung vor? Werden solche Angebote auch nachgefragt? Ist für die Verbesserung von Angebot und Nachfrage nur die Praktische Theologie zuständig?[8] Oder sind auch Fundamentaltheologie und Dogmatik zu beteiligen, wenn man verhindern will, dass nur noch über „Gott", aber nicht mehr von Gott gesprochen wird?

## Geräuschkulissen und Echokammern

Anliegen und Auftrag der Theologie – das sagt bereits ihr Name – ist die Gottesrede. Sie hat zu bedenken, was ihr ermöglichend vorausgeht. Dies ist die Beziehung zwischen Gott und Sprache: „Gott sprach – und es geschah" (Gen 1) – „Im Anfang war das Wort und das Wort war bei Gott und das Wort war Gott. Dieses war im Anfang bei

Gott. Alles ist durch das Wort geworden und ohne es wurde nichts, was geworden ist" (Joh 1,1–3). Von der Theologie wird aber auch erwartet, dass sie Auskunft geben kann auf Fragen, welche diese Beziehung in Zweifel ziehen: Wie lässt sich in dieser Welt und zu dieser Zeit Gott zur Sprache bringen? Gibt es in dieser Welt und zu dieser Zeit etwas, das für Gottes Sein und Wirken spricht? Ist Gott nur zugänglich in dem Wort, das er selbst von sich gibt?[9]

In diesen Fragen wird unterstrichen, welche Bedeutung der Sprache zukommt – für Gott, für den Menschen, für den Glauben. Aber nicht nur der Glaube, auch die Theologie stünde ohne die Sprache mittellos da. Ihr Gegenstand – Gott und sein Wort – begegnet nur im Medium der Sprache und ist selbst ein sprachliches Geschehen. In der Sprache wird präsent, was der Glaube bekennt und was die Theologie bedenkt.

Allerdings werden die Sprache des Glaubens und der Theologie ihrem Inhalt und Gegenstand nicht immer gerecht. Die Theologie und die Verwender eines religiösen Vokabulars können viele Worte machen und dennoch ihre Sache verfehlen oder an ihr (und ihren Adressaten) vorbeireden. Ihr Sprachfluss mäandert, verbraucht Raum und Zeit, lässt keine klare Richtung erkennen. Sie produzieren Litaneien und Endlosschleifen der Devotion. Sie hocken in den Echokammern der Rechtgläubigkeit und hören nur noch sich selbst reden.

Eine Spirale des Unverständnisses kommt in Gang. Je weniger sich das Reden zu oder über Gott von selbst versteht, umso mehr Worte werden gemacht. Wem viele Worte zur Verfügung stehen, der erweckt den Eindruck, viel zu wissen und viel zu sagen zu haben, gut Bescheid zu wissen und kluge Bescheide erteilen zu können. In Wahrheit und in Wirklichkeit steht hinter solcher Beredsamkeit nur zu oft eine unselige Redseligkeit. Gedankenlose und inhaltsleere

15

Geschwätzigkeit macht sich breit.[10] Das Wort „Gott" wird
zur Phrase und das „Wort Gottes" wird totgeredet. Zunächst versieht man beide Begriffe noch mit Anführungs-
zeichen; am Ende werden mit ihnen nur noch Sätze mit
einem Fragezeichen gebildet. Dieses Fragezeichen signali-
siert, dass „Gott" nicht mehr für etwas Unstrittiges, Selbst-
verständliches oder Unbezweifelbares steht, von dem her
man die Fragen nach dem Grund des Daseins, nach der
Verbindlichkeit der Moral und nach dem Sinn der Geschichte beantworten kann.

Viele Kirchenchristen begreifen nicht, was an der über-
kommenen Gottesrede unverständlich sein soll. In Gottes
Namen setzen sie ihr Reden von Gott fort. Sie wiederholen
das oft Gesagte, beschwören seine Bedeutung und verstehen nicht, warum sie nicht verstanden werden.[11] Dieser
Mangel an Verstehen resultiert oft aus einer Unkenntnis der
Gründe, warum das Reden von Gott auf Unverständnis
trifft, Missverstehen auslöst, Gleichgültigkeit erzeugt. Häufig ist dieser Mangel aber auch Folge einer frommen Überheblichkeit: „Ich glaube, darum rede ich!" (2 Kor 4,13).
Recht so! Aber ist damit zugleich das Recht auf missionarische Monologe verliehen?

*Unikum*

Im Zug redet
Einer von Gott

Die Leute schauen Löcher
in den Mann

Dann lächeln sie
verständnisvoll
und frösteln

(Beat Brechbühl)[12]

16

Nicht jeder Christ, der von seinem Glauben an Gott redet, wird von seinen Zuhörer/inne/n auch verstanden. Und nicht immer liegt es am Unverstand der Angeredeten, dass diese verständnislos reagieren. Ist hinreichend klar, worüber gesprochen wird? Wurde eine angemessene Sprache gewählt? Werden Selbstgespräche vermieden? Ist die Gefahr des Aneinander-vorbei-redens gebannt? Hat sich jemand im Wort vergriffen?

„Ich glaube, darum rede ich!" (2 Kor 4,13) – wenn dieser Satz stimmt, darf es den Glaubenden sicher nicht die Sprache verschlagen. Sie sollten sich auch von niemandem den Mund verbieten lassen. Aber sie müssen auch etwas zu sagen haben, das verstanden und vertreten werden kann. Sie müssen Widerspruch aushalten können und sich dort behaupten, wo man heftige Gegenreden führt. In jedem Fall gilt: heraus mit der Sprache!

Wie der Glaube so ist auch das Dasein des Menschen überhaupt durch Sprachlichkeit charakterisiert. Der Mensch ist definierbar als das Wesen, das in dieser Welt das Sagen hat, d. h. er hat Rede und Antwort zu stehen gegenüber jenen, die auch das Sagen haben. Wie das Leben so verweist auch der Glaube darauf, dass der Mensch verantwortlich ist für das, was er sagt und tut. Wer an Gott glaubt, hat sein Reden nicht allein vor Gott und anderen Glaubenden, sondern auch vor jenen zu verantworten, die er auf ihre „Gottlosigkeit" anspricht. Und auf deren Rückfragen hat er auf ebenso verständnisvolle wie verantwortbare Weise einzugehen (vgl. 1 Petr 3,14).[13]

Die passenden Worte für das Rede-und-Antwort-Stehen gegenüber ihren Zeitgenossen finden Glaubende nur in der Sprache ihrer Zeit. Es gehört zu den Paradoxien theologischer Studiengänge, dass ihr Gegenstand ein Glaube ist, der lebendig macht, aber zum Studium der Quellen dieses Glaubens das Erlernen toter Fremdsprachen (Hebräisch,

Griechisch, Latein) verlangt wird. Dabei vernachlässigt man jenes Idiom, das die Verkünder und Hörer des Evangeliums bereits kennen: ihre Umgangssprache.

Oft klafft auseinander, was zusammengehört: etwas kennen, etwas können und etwas gekonnt können. Gekonnt sollte man sich vor allem in jener Sprache ausdrücken können, mit der Sprecher und Hörer aufgewachsen sind. Darum lautet ein dringender Ratschlag an Lehrende und Lernende der Theologie: „Du sollst die Sprache lernen, die du schon kannst: die eigene."[14]

## Offenbarungseide religiöser Eloquenz

Im Erlernen einer Sprache lernt sich der Mensch selbst kennen. Es ist eine theologische Grundüberzeugung, dass im Hören der Botschaft Jesu der Mensch sich selbst von ihr her besser verstehen lernt. Im Gewinn eines neuen Selbstverständnisses soll er zugleich gewahr werden, dass sich ihm dabei Gott verständlich und verstehbar macht.[15] Die Sprache ist daher Medium und Sphäre sowohl menschlicher Selbstverständigung[16] als auch der Selbsterschließung Gottes. Sie birgt die Erinnerung, dass Existenz und Glaube ihren Grund im Hören-Sagen haben.

> am anfang
> das wort
> aber noch kein
> ohr
>
> da schufst du dir
> schall

raum

und gehör

die welt war

ausgesprochen

gut

(Thomas Weiß)[17]

Nicht minder ist die Weitergabe des Evangeliums auf das
Hören-Sagen angewiesen, wie auch bereits dessen Anfang
ein Sprachereignis war (Röm 10,17: „So gründet der Glaube in der Botschaft, die Botschaft aber im Wort Christi.").
Wird der Zugang zum Medium Sprache und zur Sphäre des
Hören-Sagens verstellt, geht die Verkündigung des Evangeliums ins Leere. Es ist darauf angewiesen, dass es sich
herumspricht. Will man wissen, wie es sich verbreitet, muss
man sich umhören. Ebenso muss man nachhören, wie das
Gesagte aufgenommen wird. Es ist nicht damit getan, einem
Auditorium lediglich etwas auszurichten. Ebenso wichtig ist
es, eine Beziehung anzubahnen, in der realisiert wird, wovon die Rede ist.

Religiöse Kommunikation strebt eine „communio" an,
die in mehrfacher Hinsicht eine Zwiesprache ermöglicht:
zwischen Gott und Mensch, zwischen Sprecher und Hörer.
Wo dies nicht gelingt, hören sich die Verkündiger nur noch
selbst zu. Ihre sorgsam gepflegte Eloquenz ist dann nur
noch das Schmieröl für die Dreschmaschine religiöser
Worthülsen. Abgedroschene Phrasen erkennt man nicht
nur an ihrer Inhaltsleere. Sie haben auch Sang und Klang
verloren.

*Der Dichter*

Sein Erbteil
ist durch Inflation entwertet
Sang- und klanglos
lernt er
jedes Wort im Munde
umzudrehn
Sprache
leistet den Offenbarungseid
und gibt nach bestem Wissen
und Gewissen preis
was ihr
nach dem Bankrott
noch zur Verfügung steht

(Eva Zeller)[18]

Sang und Klang, Reim und Rhythmus, Metrum und Melodie sind für geraume Zeit in der modernen lyrischen Dichtung nur wenig geschätzt worden. Sie erleben aber einen neuen Aufschwung „in der *oral poetry* der performativen *poetry slams.*"[19] Dort hat sich die Erkenntnis durchgesetzt, dass formale Gestaltungselemente keineswegs verzichtbar oder entbehrlich sind. Wortklang und syntaktische Struktur sind zwei Aspekte der Form eines Textes, die seine Bedeutung mitkonstituiert. Lyrische Texte können ihre Wirkung erst dann entfalten, wenn sie vor einem Publikum in einer *performance* vorgetragen werden, bei der die Stimmführung auch auf Tempo und Takt achtet. Der Reichtum der Sprache verringert sich in dem Maße, in dem die Vielfalt ihrer äußeren Form und jener kompositorischen Gestaltungselemente verkannt wird, die darauf angelegt sind, dass sie hörbar werden.

Auch eine Offenbarungsreligion kann durch Selbstverarmung in eine Verlustzone geraten. Am Ende steht der spirituelle Offenbarungseid. Ihr Stiftungskapital mag beträchtlich gewesen sein, es kann aber auch rasch aufgebraucht oder verspielt werden. Ihr Wortreichtum bringt ihr nichts ein, wenn er in einer Währung angelegt wurde, die permanent abgewertet wird. Die Metaphysik, in der die Theologie lange Zeit ihr Begriffs- und Denkdepot verwaltete, hat für viele akademische Börsenanalysten als intellektuelle Leitwährung ausgedient. Um Kursverluste und Kursschwankungen ausbalancieren zu können, hätte die Theologie ihr Kapital frühzeitig in unterschiedliche Anlageformen investieren müssen.[20]

Aber auch der Bestand der pastoralen Kernbotschaften erlebt einen Schrumpfungsprozess. In etlichen Hirtenbriefen, Sonntagspredigten und Katechesen wird übersetzt und ausgelegt, was man für die eine Grundwahrheit des Evangeliums hält: Jeder Mensch ist von Gott unbedingt anerkannt. Zwar ist dieser Satz gedeckt vom Grund-Ereignis des Christentums – Person und Botschaft Jesu von Nazareth. „Der wesentliche Inhalt des Glaubens ist darin zu erkennen, daß der Gott Israels in Verkündigung, Tod und Auferweckung Jesu seine für alle Menschen entschiedene Liebe geschichtlich-endgültig erwiesen hat und in ihr ... sich selbst geoffenbart hat."[21] Von der Dramatik und Tragik des Lebens und Sterbens Jesu ist bei der Auslegung dieser Grundwahrheit aber nur selten die Rede. Stattdessen wird in einer Endlosschleife nur die Behauptung wiederholt, dass Gottes unbedingte Zuwendung jedem Menschen in jeder Lebenslage gilt. Unterm Strich folgt daraus für das Reden von Gott, dass er hauptsächlich „lieb" ist.

Ein beredtes Kommunikationsversagen überkommt die Theologie und die Glaubensverkündigung dort, wo sie vom Evangelium nichts anderes als die Versicherung eines „lieben" Gottes auszurichten wissen und der Frage ausweichen, was es schwer macht, eine solch frohe Botschaft gläubig anzunehmen. Es ist möglich, dass ein bekenntnisstarkes Bezeugen der Liebe Gottes bei Glaubenswilligen Eindruck macht. Was beeindruckt, ist das Format des Auftritts, aber nicht bereits die Überzeugung, die vertreten wird. Wo sie in religiöse Sentimentalitäten abgleitet, verkommt die Rede vom „lieben" Gott zum Klappentext eines religiösen Trivialromans.

## Risiken und Nebenwirkungen theologischen Leichtsinns

Gerade eine Theologie, die es offenkundig gut mit dem Menschen meint und beim Sprechen von Gott nur Gutes in den Mittelpunkt stellt, kann ein böses Ende nehmen. Dieses böse Ende beginnt mit einer – wiederum gut gemeinten – Darbietung gefälliger Gottesbilder, die sich aber unversehens mit einer verweigerten Akzeptanz dieser wohlmeinenden Gottesporträts konfrontiert sieht. Gerade an der Rede vom Entgegenkommen eines „lieben" Gottes kann der Glaube an Gott zugrunde gehen – und zwar dann, wenn er auf theologischen Leichtsinn und fromme Leichtgläubigkeit trifft, um schließlich zur religiösen Belanglosigkeit zu verkommen.[22]

Auf den ersten Blick scheinen eher die militanten Vertreter einer transzendenten Macht dazu beizutragen, dem Glauben an Gott ein Ende zu bereiten. Dass man dem als „Herr über Leben und Tod" verkündeten Gott selbst den Tod wünschen kann, ist nachvollziehbar, wenn man sieht, wie Menschen um Gottes willen in den Tod geschickt werden. Ein Glaubensfanatiker, der mit den Worten „Gott ist groß" auf den Lippen einen Sprengsatz zündet, praktiziert einen tödlichen Glauben. Es ist ein todbringender Glaube, der am Ende auch den Glauben an Gott umbringt. Denn wer will noch an diesen Gott und seine Großartigkeit glauben, wenn seine Anhänger von diesem Glauben die Lizenz zur Tötung der Anders- oder Ungläubigen ableiten?

Nicht immer muss man einen Menschen physisch umbringen, um einen tödlichen Glauben zu praktizieren. Psychisch todbringend ist spiritueller Missbrauch, der sich mit sexuellen Misshandlungen paart. Da aber jeder vernünftige Mensch zu seinen Lebzeiten etwas Besseres als den Tod finden will, muss es nicht verwundern, wenn vernünftige Menschen eine Glaubens- und Gottesnähe meiden, die sie in Todesnähe bringt. Wenn Gott und der Tod nicht auseinandergehalten werden können, dann ist es klug, sich von diesem Gottesglauben zu distanzieren und einen solchen Gott vom Menschen fernzuhalten.[23] Aber Gott wird nicht nur dort zu Tode geglaubt, wo man seine Größe preist und Menschen in seinem Namen erniedrigt. Und es sind auch nicht allein Religionskritiker, die es mit dem Fingerzeig auf spirituellen Missbrauch und religiösen Terror schaffen, dem Gottesgedanken ein Ende zu bereiten. Neben den Gottesverächtern tragen vielmehr auch die wohlmeinenden Verfechter seiner Existenz und die sanften Apologeten seiner Verehrung entscheidend zu diesem Ende bei. Auch wer es gut mit seinen Mitmenschen meint und Gott als Grund alles Guten ausgibt, kann am Ende ohne gute Gründe für das Bekenntnis zu diesem Gott dastehen.

Wer mit dem Wort „Gott" etwas Gutes intendiert, tritt für einen „lieben" Gott ein. Gottes Größe wird hier zwar auch „machtförmig" bestimmt. Aber nun soll es die Macht der Liebe sein, die seine Größe ausmacht. Es ist eine Liebe, die unbedingt und bedingungslos ist. Sie verlangt keine Vorleistungen und erhebt keine Nachforderungen. Es ist eine

23

Liebe, die nichts vom Menschen will, aber alles für ihn übrig hat. Manche Theologen sind von dieser Vorstellung derart fasziniert, dass sie die Liebe nicht allein zum Wesensprinzip Gottes erklären, sondern ihr auch den Rang eines Erkenntnisprinzips zuweisen, das aus den Verlegenheiten, in die bisherige Erkenntniswege geraten sind, eine religiöse Tugend macht: „Der Eindruck vieler Menschen, dass sich unsere Welt ebenso gut mit Gott erklären lässt wie ohne Gott, ist ein wichtiger Bestandteil des Glaubens an die Existenz eines Gottes, der allein mit den Mitteln der Liebe für sich wirbt. Denn aus dieser Perspektive ist es überzeugend, dass Gott die epistemische Ambiguität der Schöpfung als Entfaltungsraum der Menschen so komponiert, dass sie eben nicht aus Berechnung und Intelligenz, sondern aus Liebe für ihn als Gott der Liebe optieren. Wenn Gott wirklich nur Gründe der Liebe als Motiv für die Einstimmung in seine Wirklichkeit gelten lassen will, liegt es für ihn nahe, die Schöpfung so auszustatten, dass alle anderen Motive für sich genommen nicht durchschlagend sind."[24]

Leider wird von theologischen Liebeslyrikern nicht bedacht, ob und inwieweit auch Liebe ein von Ambiguität gekennzeichnetes Phänomen ist. Was es heißt, nur Gründe der Liebe gelten lassen, kann man an modernen Beziehungsidealen ablesen. Wenn „nur die Liebe zählt", wird sie zum Maßstab der Vernunft, d. h. zur Leitgröße und zum Sinnmuster für Wahrheit („den/die Richtige/n finden"), für Identität und Authentizität („die Frau meines Lebens") und für Erlösung („im siebten Himmel"). Hier gilt auch die Gleichsetzung von Liebe und Allmacht, d. h. ihr wird Macht über alles gegeben. Diese Macht gibt der Liebe immer Recht und schafft ihr ein eigenes Recht. Dieses Recht besteht darin, eine Beziehung so auszustatten, dass alle anderen Motive für ein Miteinander nicht mehr zählen. Mit welchen Gründen soll man einem Menschen untersagen, einen Geliebten um eines anderen willen zu verlassen, sofern sich dieser als „die große Liebe" erweist? Das Recht der Liebe kennt keine Satzung, kein Verfahren, das einzuhalten ist. Wem irgendwann Gemeinsamkeit und Gemeinschaft aufgekündigt werden, kann nicht Revision einlegen. Das Kriterium der Aufkündigung muss zudem nicht beidseitig erfüllt sein. Es genügt, dass einer sagt: „Ich liebe dich nicht mehr – aber dafür eine/n Andere/n." Damit ist er zwar ehrlich und aufrichtig, wenn er zu seinen Gefühlen steht. Wo aber das Recht der Liebe an Gefühle geheftet wird, tritt Rechtlosigkeit ein, wenn die Gefühle schwinden oder den Adressaten wechseln. Und ob diese Gefühle stets echt sind, wäre erst noch zu erweisen.

> Geliebt habe ich nie
> aber heiß geheuchelt
> und mich verliebt
> in meine Heuchelei
>
> (Erich Fried)[25]

Wenn die Liebe nicht Treue und Verlässlichkeit, Solidarität und Gerechtigkeit – allesamt mit Konnotationen praktischer Rationalität und Intelligibilität ausgestattete Größen – als zu ihr selbst zugehörig erkennt, sollte man ihre Macht mit Fragezeichen versehen. Es ist Ausdruck theologischer Fahrlässigkeit, wenn die Theologie das Gott/Welt-Verhältnis mit der Kategorie „Liebe" beschreibt und sich auf deren emotionale Anziehungs- und kognitive Assoziationskraft verlässt. Auch als Erkenntnismedium ist sie ambivalent: Liebe öffnet die Augen und macht sehend („amor dat oculos"), aber Liebe macht auch blind. Wenn man die Liebe für ein Gottesprädikat hält (ebenso wie Allmacht), sollte man nicht die Regeln analoger Gottesrede missachten und dabei

die „via negativa" nicht auslassen: Was immer von Gott ausgesagt wird, unterscheidet sich von dem, was vom „gott-
ebenbildlichen" Menschen ausgesagt werden kann. Andernfalls drängt sich der Vorwurf der Menschenebenbild-
lichkeit Gottes auf. Es ist daher stets der je größere
Unterschied zwischen Gott und Mensch zur Geltung zu
bringen. Dieser Unterschied besteht nicht in der Maximie-
rung einer menschlichen Eigenschaft, sondern in der Anerkennung, dass diese Eigenschaft Gott ganz anders zukommt.[26] Von dieser Alterität ist in zahlreichen Beteuerun-
gen der Liebe Gottes zum Menschen meist nichts zu
vernehmen.

## Gottesrede im Zwiespalt

Viele theologische Publikationen der letzten Jahre sind neben der emphatischen Betonung der Liebe Gottes geprägt
vom Tenor der Güte und Barmherzigkeit Gottes.[27] Diese
Akzentuierungen sind zweifellos berechtigt, um Engführungen und Verzerrungen einer rigiden Moralpädagogik und
eines angstbesetzten Gottesverständnisses zu überwinden
und um die Zwänge eines religiösen Leistungsdenkens auf-
zubrechen. Aber sie haben damit nicht die Akzeptanz der
christlichen Gottesrede steigern können, sondern die
Gleichgültigkeit ihr gegenüber vermehrt. Ein lieber Gott ist
ein Gott, der viel (an)bietet, aber nichts verlangt. Man muss
keine Normen erfüllen, um seine Gunst zu erringen. Vor
ihm darf man so sein, wie man ist, und Gott sagt: Gut so!
    Dass man sich in christlichen Kreisen darüber wundert,
dass diese „frohe" Botschaft lediglich Indifferenz auslöst, ist
selbst verwunderlich. Denn diese Kreise übersehen das
Naheliegende: Die Nachricht, dass man ohne besondere

Anstrengungen und Leistungen so sein darf, wie man ist, erzeugt bei ihren Adressaten den Eindruck der Redundanz. Sein können wie man ist, kann man auch ohne diese Zusicherung. Folglich ist sie entbehrlich, verzichtbar, überflüssig.

Nicht minder prekär ist es, wenn von den Befürwortern dieser Gottesrede gleichwohl Bedarf für die Liebe Gottes reklamiert wird. Denn nun gerät sie unter den Verdacht, dass dahinter nichts anderes steht als ein menschliches Bedürfnis der Selbstaffirmation, das in der modernen Leistungsgesellschaft verstärkt, aber von ihr nicht erfüllt wird. Diese Gesellschaft verlangt von ihren Mitgliedern, sich wertschöpfend im Wirtschaftskreislauf zu bewähren. Belohnt wird das Erreichen vorgegebener „benchmarks" mit ökonomischen Annehmlichkeiten. Alle Menschen finden Akzeptanz, wenn sie Akzeptables vorzuweisen haben. Ihre Wertschätzung hängt somit ab von den Wertschöpfungsketten, deren Glieder sie sind. Schlecht dran ist, wer nichts Verwertbares zustande bringt. Die Annahme und den Respekt eines Menschen allem Unannehmbaren und Wertlosen seines Tuns zum Trotz zu verlangen, wird in diesem Kontext zu einer inakzeptablen Forderung.

Aber kein Mensch kann existieren, wo ein Kalkül von Zweck und Nutzen, von Umsatz und Rendite alles bestimmt und es keine Orte zweckfreier Anerkennung gibt. Als ein solcher Zufluchtsort erscheint der Glaube an Gott. In diesem Kontext begegnet Gott als jene Größe, von der eine unüberbietbare Bestätigung eingeholt werden kann, dass der Mensch sein darf, wie er ist – ohne Wenn und Aber. Was ihm eine säkulare Logik von Aufwand und Ertrag vorenthält, wird ihm in einer religiösen Logik von Gnade und Wohlwollen gewährt: die Bestätigung des Selbstseinkönnens unabhängig von allen Leistungserwartungen – auch von Seiten Gottes. Er mag nichts zustande bringen, aber dies verhindert nicht, dass Gott zu ihm steht.

So wichtig dieser theologische Einspruch zur universellen Anwendung des Leistungsprinzips ist,[28] so prekär sind seine Folgen, wenn nur dieser Einspruch formuliert wird. Er handelt sich umgehend den Vorwurf ein: Hier avanciert Gott kompensatorisch zu jener Größe, von der eine unüberbietbare Bestätigung eingeholt werden kann, dass der Mensch sein darf, wie er ist, auch wenn er nichts zu leisten vermag. Überdies handelt es sich um einen folgenlosen Kompensationsversuch. Denn viele Zeitgenossen schließen daraus, dass sie die Bestätigung ihres Selbst- und Soseins einfach „so stehen lassen" können. Dieser göttliche Beistand bedarf ja ihres eigenen Zutuns nicht. Was ohne eigenes Zutun besteht, darum müssen sie sich nicht kümmern. Sie haben kein schlechtes Gewissen dabei, wenn sie die Rede vom lieben Gott kalt lässt und bei ihnen nichts auslöst. Es macht ihnen nichts aus, diese Rede ganz unbekümmert zu überhören. Dies bekümmert gleichwohl die Zeugen dieses „lieben" Gottes. Sie sind aufrichtig davon überzeugt, dass es ihr Auftrag ist, den „lieben", „gütigen" und „barmherzigen" Gott immer wieder zur Sprache zu bringen und auf eine Antwort der Angesprochenen zu hoffen. Bei jeder sich passenden Gelegenheit bezeugen sie aufrichtig ihre Überzeugung und ihre Hoffnung. Aber ihre Aufrichtigkeit schlägt um in Aufdringlichkeit. Die Penetranz, mit der sie Gott lieb, gütig und barmherzig sein lassen, macht sie zu religiösen Stalkern.

Kein vernünftiger Mensch kann etwas gegen Liebe, Güte und Barmherzigkeit haben – wohl aber dagegen, dass Menschen damit gestalkt werden. Wer will es den Genervten unter den mit Liebe Bedrängten verdenken, dass sie den „Gottesstalkern" aus dem Weg gehen? Sind sie nicht im Recht, wenn sie sich die Ohren verstopfen? Soll die religiöse

Lärmbelästigung erst in einem Hörsturz enden? Sollte in einer säkularen Gesellschaft nicht auch einmal Ruhe einkehren? Hat man jemals darüber nachgedacht, dass auch Gott dieses Gerede nicht mehr mit anhören möchte?

> Du willst vielleicht gar nicht, daß von Dir
> die Rede sei
> Einmal nährtest Du Dich von Fleisch und
> Blut
> Einmal vom Lobspruch. Einmal vom Gesang
> der Räder. Aber jetzt vom Schweigen. (...).
>
> (Marie Luise Kaschnitz)[29]

Die gottbeflissenen Wortführer wollen jedoch keinen Ruhetag einlegen. Sie schmerzt es zwar, dass das so gut Gemeinte so schlecht ankommt. Aber sie vermeiden ihrerseits eine kritische Selbstbefragung.[30] Sie stellen sich nicht dem Verdacht, dass sie die religiöse Dublette eines romantisch-kitschigen Liebesideals vertreten. Sie meiden die Debatte darüber, ob Gott nur deswegen und solange als „lieb" gilt, wie er das Bedürfnis des Menschen nach Selbstvergewisserung und Selbstbestätigung bedient.[31] Ihnen ist das Dilemma nicht bewusst, in das die Rede von Gottes unbedingter Zuwendung führt: Zu keiner Zeit war sie aktueller, um den Menschen zu sagen, „daß sie mehr sind als Übergangsgebilde im Stoffwechselhaushalt der Natur, daß sie zu schade sind, um sich als Konsumenten und als Produzenten im Wirtschaftskreislauf dubioser Kapitalverwerter zu verschleißen."[32] Zugleich stand sie zu keiner Zeit mehr unter dem Verdacht, Zulieferer eines Kompensationsmythos zu werden, der Defizite zwischenmenschlicher Anerkennung ausgleichen soll.

Von den Adressaten einer solchen Gottesrede wird erwartet, dass sie angesichts dessen, was in ihrem Leben ohne Wenn und Aber inakzeptabel ist, dennoch eine Bejahung ihres Lebens von Seiten Gottes anzunehmen bereit sind. Die Umstände dieser Rede von Gott dementieren jedoch häufig, was über ihn gesagt wird. Gegen dieses Dementi, das von Erfahrungen der Gottes- und Menschenverlassenheit ausgeht, muss umso entschlossener „angeglaubt" werden, je mehr es den Glauben aushebelt. Aber diese Entschlossenheit beweist nur den Willen zum Glauben, nicht jedoch die Realität des Geglaubten. Muss man – wenn nicht an Gott, so doch am Glauben an ihn – nicht irre werden, wenn unbeirrt von den Zeugnissen der Gottes- und Menschenverlassenheit die Rede von einem menschenfreundlichen Gott unverdrossen fortgesetzt wird?

Die Corona-Pandemie hat diese Verlegenheit drastisch vor Augen geführt. Mit der naiven Rede von einem „lieben" Gott lässt sich kein theologischer Reim auf diese Krise machen. Zwar stößt man gelegentlich auf vermeintlich biblisch fundierte Deutungsofferten, die darin eine neue ägyptische Plage, eine Ergebenheitsprüfung à la Abraham oder einen Bußaufruf an eine sündige Welt erkennen wollen. Derartige Versuche wurden jedoch umgehend von vielen Kanzeln und Kathedern dementiert: „Nein, Gott sitzt nicht am Regiepult der Weltgeschichte und ist dabei auf den Einfall gekommen, den Menschen in eine Notlage zu bringen, die ihn wieder beten lehrt. Auf eine solche Idee würde der grundgütige Gott niemals verfallen." Stattdessen wird versichert: „Der gute und barmherzige Gott will nur Gutes. Er ist uns immer nahe – in guten wie in schlechten Zeiten." Aber gibt diese Versicherung tatsächlich Halt und Trost? Trägt ein solches Gottvertrauen? Oder hat man schwer an ihm zu tragen? Die theologische Ratlosigkeit, wie angesichts der offenkundigen innerweltlichen Tatenlosigkeit Gottes noch von seiner unbe-

dingten Zuwendung zum Menschen die Rede sein kann,
wird mit der trotzigen Beschwörung der Nähe Gottes nicht
überwunden, sondern gesteigert.[33] Wie trostreich ist die
Versicherung, man könne auch im Leid nicht tiefer fallen
als in die Hände Gottes?

*Von Fall zu Fall*

Herrgott! Ich fiel aus deiner Hand
grad in des Teufels Krallen.
Doch hör! Der kleine Unterschied
Ist mir nicht aufgefallen.

(Robert Gernhardt)[34]

Wer in eine existenzielle Krise gerät, hat das eigene Leben
nicht mehr im Griff. Ob nun Gott oder der Teufel Hand
anlegen an dieses Leben, kann zur müßigen Frage werden.
Ändert sich etwas am Leiden, wenn man glauben soll, dass
der „liebe" Gott seine Hand im Spiel hat? Müsste die Rede
von der Liebe Gottes nicht auch dissonante und widerstrei-
tende Erfahrungen des Menschen integrieren können, um
sowohl der Abgründigkeit Gottes als auch der Abgründigkeit des Leidens gerecht zu werden?
   Im Leiden zeigt sich, wie tragfähig religiöse Zusicherun-
gen sind. Wo sie nicht zurückgenommen werden müssen,
steht zumindest eine nachträgliche Klärung an: Die Rede
von Gottes Liebe und Zuwendung meint nicht, dass dem
Menschen erspart bleibt, in seinem Leben die Erfahrung
von Einsamkeit und Ablehnung zu machen. Wer dies ver-
schweigt, erweist dem Glauben einen Bärendienst. Der
Glaube an Gott gerät in höchste Bedrängnis, wenn er Halt
sucht in einer Behauptung, die sich in guten Tagen als ver-
tretbar, in schlechten Tagen aber eher als unhaltbar erweist.
Er geht zu Grunde, wenn ihm die guten Gründe ausgehen

31

im Streit mit einer Daseinsdeutung, die eine ganz andere Grunderfahrung verarbeitet: Dasein heißt für den Menschen, sich für bedeutsam halten wollen in einem Horizont der Gleichgültigkeit.

## Barrieren und Aporien religiöser Sprache

Es ist allemal einfacher, sämtliche Vorbehalte gegenüber einer christlichen Gottesrede aufzuzählen, als deren Geltungsanspruch offensiv zu verteidigen. Kritiker haben es leicht, gegenüber den Kritisierten das letzte Wort zu haben. Vielleicht machen sie es sich auch zu leicht. Immerhin können die Verteidiger des Gottesglaubens, die sich in die Defensive drängen ließen, als Entschuldigung für ihr vorzeitiges Verstummen eine Besonderheit ihres Leitmediums anführen: Es gehört zur Doppelsignatur der Sprache, dass sie nicht nur das ermöglichende Medium menschlicher Kommunikation, sondern zugleich deren einschränkende Grenze ist. Dabei sind nicht nur von außen kommende Störungen des Sich-Verständigens in den Blick zu nehmen, sondern auch die Anfälligkeit für ein Missverstehen, die der Sprache aus ihrem Inneren erwächst. Es gibt ein buchstäbliches Versagen der Sprache, das zutage tritt, wenn man nicht sagen kann, was man will – und dies wiederum wortreich bekennt oder ebenso vielsagend verschleiert. Eine solche Selbstentzweiung der Sprache wird auch dort deutlich, wo ein falsches Wort fällt, wir uns dies sprachlich bewusst machen, ohne dabei ein besseres Wort zu finden. Es gibt Rechtschreibkorrekturen, die über Fehlermeldungen nicht hinauskommen und den Fehler nicht korrigieren.

Ein Selbstzerwürfnis der Sprache wird sichtbar, wenn in, mit und durch die Sprache eine Differenz zwischen Absicht und Ausdruck, zwischen Intention und Manifestation des Sprechens aufbricht. Sprecher und Hörer haben sich nichts mehr zu sagen, weil alles, was sie sagen, nicht an das heranreicht, was sie sagen wollen. Darüber zu reden, führt immer tiefer in Verlegenheiten hinein, denen das Sprechen nicht entkommt und aus denen die Sprache nicht mehr herausführen kann. Wo es keine Auswege mehr gibt, drängt sich die Diagnose der Aporie auf.

Das von Eugen Biser eingeführte Kunstwort „Logaporetik" bezieht sich auf diesen Umstand und versieht religiöse Sprachbarrieren mit einem prägnanten Kennzeichen.[35] Seine Analyse von Defiziten und Zerwürfnissen, von Sackgassen und Irrwegen, von Wucherungen und Geschwüren religiösen Sprechens beginnt mit der Wahrnehmung eines paradoxen Sachverhaltes: „Sprache meint vom worthaften Anspruch her das Ende des Schweigens, den Eintritt in ein Wechselverhältnis von Verstehen und Verstandenwerden, die Aufhebung der wortlosen Einsamkeit zugunsten des dialogischen Austauschs, die Entstehung einer durch Worte bedingten Mitmenschlichkeit."[36] Zugleich ist ihr Vermögen limitiert. Wo alles zur Sprache kommen muss, kann nur alles Sagbare besprochen werden – also nicht alles. Und wenn es um Gott geht, kann die Sprache allenfalls seine Unbegreifbarkeit erfassen.

Allerdings könnte man an dieser Stelle einwenden: Wie gut, dass man nicht alles sagen kann! Wie gut, dass es auch Grenzen für die Sprache gibt! Wie gut, dass auch sie an Barrieren stößt! Denn Grenzen und Barrieren sind nicht a priori etwas Negatives. Barrieren im Straßenverkehr verhindern nicht nur ein Durchkommen, sondern regulieren zugleich das Weiterkommen; sie wehren nicht nur ab, sondern halten auch frei. Barrieren verstellen nicht bloß Zugänge, sondern ermöglichen auch Passagen; sie schränken Freiheiten ein, können aber auch Gefahren mindern; sie verordnen Zurückhaltung und verhindern Zudringlichkeit. Vielleicht ist es gut, dass auch in der religiösen Sprache dem Versuch des eigenmächtigen Konjugierens und Deklinierens klare Grenzen gesetzt sind.

*schriftgelehrte*

sie örtern
wir örtern
gott
vergeblich
mit wörtern

doch
er ist
der geist
und lässt sich nicht
örtern

er ist
das wort
und lässt sich nicht
wörtern

(Kurt Marti)[37]

Gleichwohl überwiegt bei der Beschreibung von Sprachbarrieren das negative Moment: Verstehen wird erschwert, Missverständnisse werden begünstigt, Unverständnis wird befördert. Kommunikation wird eingeschränkt. Die Kirchen- und Theologiegeschichte bietet darüber hinaus zahllose Belege für lehramtliche Engführungen und Gängelungen der Glaubenssprache. An ihnen lässt sich demonstrieren, wie etwa kirchlich-institutionelle Eigeninteressen zur dogmatischen Formalisierung der Gottesrede führen oder wie in der Liturgie eine kultische Sondersprache durchgesetzt werden soll.[38] Die Liturgie ist ein höchst sensibler Bereich, weil liturgische Texte zum einen Identitätsmarker einer Glaubensgemeinschaft sind und zum anderen ihre Veränderung auf subtile Weise die Ausübung klerikaler Macht ermöglicht. Ein entsprechendes Lehrstück bietet die von Papst Benedikt XVI. im Jahr 2015 eigenmächtig verfügte Änderung der Karfreitagsliturgie.[39] Wenn außerdem der lehramtliche Anspruch auf die Deutungs- und Auslegungshoheit des Glaubens auf dem Feld der Ökumene auf das Projekt einer gemeinsamen Bibelübersetzung ausgedehnt wird, kommt es unversehens auch zur Sprachpolemik im interkonfessionellen Verhältnis. Der gemeinsame liturgische Gebrauch einer 1978 approbierten ökumenischen „Einheitsübersetzung" des Neuen Testamentes hatte in der katholischen und evangelischen Kirche nicht lange Bestand. An der 2017 publizierten Revision beteiligte sich die evangelische Kirche nicht mehr und kehrte zur „Lutherbibel" zurück. Man war auf evangelischer Seite nicht bereit, römische Vorgaben bei der Revision und einen römischen Approbationsvorbehalt der finalen Textgestalt zu akzeptieren.

Sprachbarrieren, die aus Vereinseitigungen und Übersteigerungen religiöser Sprachmuster resultieren, werden auch im Bereich der theologischen Publizistik errichtet. Man begegnet dort den Liebhabern elitärer religiöser Sondersemantiken und muss auch die Kurzatmigkeit einer moralisierenden Glaubensrede registrieren, welche die Lebensrelevanz des Glaubens durch die Übersetzung seiner Inhalte in ethische Imperative sichern will. Gelegentlich paart sich dabei die Impertinenz eines belehrenden Sprachgestus mit der Beschränktheit einer erbaulichen Frömmigkeitsprosa.[40] Zu Pathologien der religiösen Sprache werden diese Erscheinungsformen, weil sie entweder Schwundstufen und Abspaltungen einer performativen Rede von der Zuwendung Gottes zum Menschen darstellen oder die evokative

Kraft der Klage über Gottes Abwesenheit schwächen. Sie können nicht mehr als Sprachhandlungen identifiziert werden, durch die Gegenwart wird, wovon sie sprechen, und die vollziehen, was sie sagen. Ein Glaube, eine Theologie, eine Kirche, der solche Sprachhandlungen nicht mehr glücken, so dass man sich nicht mehr „einhandelt", was dabei besprochen wird, werden selbst zu Barrieren. Sie verstellen, was sie erschließen wollen. Sie nötigen zu Um- und Abwegen religiöser Kommunikation oder stehen der Verständigung im Weg, anstatt ihn zu bahnen. Schlimmer noch: Sie können im freundlichen Ton fromme Lügen vortragen. Und sie können in trostloser Aufrichtigkeit ihr Selbstmitleid darüber ausbreiten, dass sie weder recht zu schweigen, noch über ihre Misere recht zu sprechen vermögen.

*gott der scherbenhaufen*

jetzt
wo bald jedes unserer worte
entweder freundlich aber gelogen
oder aufrichtig und eine beleidigung ist

jetzt
wo wir nicht mehr wissen
wie reden
wie schweigen

gott der scherbenhaufen
der trümmerstätten:
Sieh dir das an

(Kurt Marti)[41]

Die Theologie hat in den letzten Jahren weniger Energie in innovative Redeformen über, von und zu Gott investiert als in die Überwindung von Blockaden und Hemmnissen, die

36

den Kreis derer verengen, die als Subjekte dieser Sprechakte in Frage kommen. Die Sondierung einer nichtpatriarchalen Gottesrede galt weniger der Überwindung anthropomorpher Gottesvorstellungen als der Beseitigung von Exklusionseffekten, die von einer „männerdominierten" Sprache ausgehen. Diese Exklusionseffekte treten in besonders markanter Weise im liturgischen Sprachgebrauch auf. Ihm wird vorgehalten, dass er spätestens in dem Moment keine Resonanz mehr entfalten kann, in dem „die Gesellschaft die alten Herrschaftsstrukturen nicht mehr anerkennt. Es ist darum kein Wunder, dass die Praxis des Gottesdienstes genau dann drastisch abnimmt, wenn die Beteiligten („das Volk") sich darin nicht mehr wiedererkennen, wenn beispielsweise die Bemühungen um Beteiligung, Gleichberechtigung und Geschlechtergerechtigkeit so gar keinen Widerhall in der liturgischen Sprache finden, sondern die liturgische Sprache im Gegenteil immer massiver ein nicht mehr anschlussfähiges Welt-, Menschen- und Gottesbild durchzusetzen und einzuschärfen versucht."[42] Aber besteht die Lösung darin, über eine Übersetzung der „Bibel in gerechter Sprache" die aus guten Gründen als prekär empfundenen Gottesmetaphern „Vater", „Herr", „König" am grammatischen Befund vorbei durch „weibliche" Alias-Begriffe zu ergänzen oder gar zu ersetzen?[43] Kann eine genderfaire Sprache auch dadurch entstehen, dass man Gottesmetaphern sucht, die erst gar nicht den Verdacht geschlechtsbezogener Diskriminierungen oder deren krampfhafter Korrektur erzeugen?[44] Wer die „generische" Andersheit Gottes sprachlich darstellen will, kann dabei durchaus – an einer ungewohnten Stelle – einen Asteriskus verwenden: G*tt.

Man darf aber auch einflussreiche Gegentendenzen nicht übersehen. Es gibt eine christliche „Lobpreis-Szene", die unverdrossen an patriarchalen Sprachbildern festhält.

Wer ihre Events und Sessions besucht, erlebt Gottesdienste, bei denen bald die Konturen zwischen Popkonzert und Liturgie verschwimmen. Die musikalischen Arrangements ähneln dem Stil der Bands ‚Coldplay' und ‚U2'. Sie tragen erheblich dazu bei, dass das Publikum bei geschlossenen Augen die Transzendenz ‚nach innen' und zugleich mit hochgereckten Armen den Kontakt ‚nach oben' suchen kann. Bei den Songtexten greift man auf ein Vokabular zurück, das sich teils im Psalter teils in der Johannes-Apokalypse findet. Derart semantisch versorgt preist man Gott als König und sehnt das Kommen seines Reiches herbei. Angesichts der Dominanz dieser romantisierend-royalen Sprachbilder muss ein aufmerksamer Zuhörer dagegen ankämpfen, sich Gott wie den Bayernkönig Ludwig II. vorzustellen und sich den Himmel nach dem Vorbild von Schloss Neuschwanstein auszumalen. Ob ein solcher sprachlicher „Imperialismus" ebenso zeitgemäß ist wie das musikalische Cover, das die „Worship-Band" anbietet, wird von ihrem Publikum nicht problematisiert.

## Import/Export: Übersetzungen

Die in theologischen Innovationsbüros immer wieder gehegte Hoffnung, dass allein eine „heutigere" Sprache religiöse Kommunikationsprobleme beheben kann, kann nicht ohne Rückschläge in Erfüllung gehen. Denn die dahinter stehende Diagnose greift zu kurz. Sprache und Existenz, Sprache und Denken, Sprache und Glaube sind viel zu komplex ineinander verwoben, als dass man nur eine sprachliche Oberfläche bearbeiten müsste, „um einen immer gleichbleibenden Kern zugänglich zu machen".[45] Zwar lebt auch religiöse Kommunikation von existenziell belangvollen Erfahrungen und deren Artikulation. Dennoch sollte man „nicht einfach von einem Wechselspiel zwischen Artikulation und Erfahrung sprechen, sondern vielmehr von einem Wechselspiel zwischen erlebter Situation, präreflexiver Erfahrung, individueller Artikulation und kulturellem Vorrat an Deutungsmustern."[46] Diesen Vorrat immer wieder aufzufüllen und zeitgemäße Artikulationshilfen verfügbar zu machen, ist eine zentrale Aufgabe der Theologie. Wenig hilfreich sind lediglich semantische Reparaturen im Dienste einer Aktualisierung des Überlieferten. Ein bloßer Austausch von Wörtern im religiösen Vokabelheft genügt nicht. Auch ein Übersetzen im Modus des Ersetzens abgenutzter Worte durch neue, ungewohnte und vermeintlich unverbrauchte Begriffe reicht nicht.[47] Im schlimmsten Fall wird dann „Chillen" als Ersatz für „Kontemplation" angeboten oder „Meditation" wird bei drohender Nachfrageflaute mit „Achtsamkeitstraining" aufgetakelt.

Angesichts solcher Stümpereien dient der Grundsatz, dass keine Übersetzung jemals so gut sein kann wie das Original, lediglich als billige Ausrede. Wenn ein „Übersetzer merkt, daß er es weder gut noch besser machen kann [als das Original], sondern nur schlechter – na dann tut er eben was für die Kunst, indem er es sein lässt. So beweist er seinen Respekt gegenüber dem Original."[48] Diesen Respekt zeigt auch, wer den Gebrauch der alten großen Worte der Gottesrede angesichts ihres Missbrauchs bekämpft.[49] Es besteht die Gefahr, dass gerade originalgetreue Übersetzungen zu weiterem Missbrauch verleiten – oder sich als unbrauchbar erweisen. Bisher ist keine sinnvolle Nachfolgeregelung für das Wort „Sühne" gefunden worden.

Der eine Übersetzer
ist dem Original treu,
der andere
seiner Liebe zu diesem

(Elazar Benyoëtz)[50]

Aber auch hinter sinngetreuen Übersetzungen steht ein problematisches Ideal. Hier sollen im Idealfall gleichermaßen Sprachklang und Wortbedeutung erhalten bleiben. Meistens gelingt es jedoch nicht, die ursprüngliche Einheit von Form und Inhalt zu wahren. Wo der Sinn gewahrt bleibt, geht der Sound verloren. Darum gilt: „Du sollst so treu wie möglich und so untreu wie nötig übersetzen."[51] In manchen Fällen ist die nötig gewordene Untreue ein Beweis für die Liebe zum Original. Aber viel häufiger wird ohne Not nach einem willfährigen Ersatzwort gesucht oder man belässt es bei notdürftigem Wortersatz. In der Folge werden Begriffe in Umlauf gebracht, die dem ursprünglichen Sinngehalt so untreu wie möglich geworden sind. Aus einem „Exerzitienmeister" wird zunächst der „Geistliche Begleiter", von dem schließlich nur der „Coach" übrig bleibt.[52]

Abhilfe angesichts der Versuchung, beim Übersetzen religiöser Themen und Texte lediglich psycho-pädagogische Blähwörter zu gebrauchen, könnten vielleicht Fortbildungskurse für „Kreatives Schreiben" schaffen – sofern die theologische und sprachliche Grundausbildung nicht bereits mangelhaft war. Denn literarische Bildung erfordert von Theologen zunächst eine profunde Kenntnis der literarischen Gattungen biblischer Texte, das Wissen um die Besonderheit von Analogie und Metapher als wichtigste Darstellungsform religiöser Einsichten und eine sprachästhetische Sensibilität für die Zeugnisse mystischer Erfahrungen, deren Gehalt nicht jenseits ihrer Sprachgestalt entschlüsselbar ist.[53] Zweifellos ist neben der Kenntnis ihrer sprachlichen Komposition auch das Wissen um ihre Entstehungssituation hilfreich. Die existenzielle Bedeutung der in diesen Formen und Formaten verschlüsselten Einsichten erschließt sich jedoch nicht in der objektivierenden Distanz historisch-kritischer Textexegese. Wer dabei stehen bleibt, befördert religiöse Gleichgültigkeit und existenzielle Phlegmatik. Sollen religiöse Texte über ihre ursprüngliche Autor/Leser-Konstellation hinaus und über die Zeit hinweg etwas zu sagen haben, müssen spätere Generationen darin etwas für ihr Menschsein Grundlegendes entdecken können.

Diese Bedingung ist nicht nur bei der Rezeption und Deutung von Texten zu beachten. Sie ist auch bei der Textproduktion unabweisbar. Theologisch-literarische Kreativität braucht jedoch mehr als das Umsetzen von Tipps professioneller Schreibhandwerker. Wer sich für religiöse Kommunikation interessiert, muss sich nicht nur bei denen umsehen, die etwas zu sagen haben, und sich von denen beraten lassen, die wissen, wie man etwas am besten sagt.[54] Wer mit den eigenen Texten verstanden werden will, wird sich auch dafür interessieren, was Verständigung erschwert und verhindert. Ein Sprecher muss daher von Zeit zu Zeit seine Rolle tauschen und zum Zuhörer der von ihm Angesprochenen werden. Kaum anders kann er wahrnehmen, was sonst überhört oder missverstanden wird. Allerdings wird dafür ein weiterer Spracherwerb nötig. Wer die Sprache seiner Zuhörer nicht hinreichend kennt, kann kein Verständnis für Missverständnisse und Unverständnis entwickeln.

Wo ein solches Sprech- und Hörvermögen bei den beteiligten Personen nicht besteht, muss der Kreis der Beteiligten erweitert werden.[55] Nun ist es ein Dolmetscher, der eine Brücke zwischen zwei Personen schlagen kann, von denen keine der Sprache der jeweils anderen mächtig

41

ist. Dolmetscher navigieren nicht nur zwischen zwei Sprachen, die sie auf einen gemeinsamen Sachverhalt beziehen, sondern auch zwischen den Bedeutungsebenen, auf denen ein Text operiert. Sie kommen dabei der Tätigkeit eines Interpreten nahe, der einen Text zwar nicht von einer Fremdsprache in eine geläufige Umgangssprache überträgt, wohl aber in einer mit dem Sprecher und Hörer geteilten Sprache auf den verschiedenen Sinnebenen ihrer Worte unterwegs ist.

Von einem solchen Dreiecksverhältnis zwischen Text, Leser und Ausleger erzählt auch die Apostelgeschichte (Apg 8,26–35): Ein Kämmerer der Königin von Äthiopien ist auf dem Weg von Jerusalem nach Gaza vertieft in die Lektüre des Propheten Jesaja. Er grübelt über die Verse: „Wie ein Schaf wurde er zum Schlachten geführt; und wie ein Lamm, das verstummt, wenn man es schert, so tat er seinen Mund nicht auf. In der Erniedrigung wurde seine Verurteilung aufgehoben" (Jes 53,7f.). Philippus hört dies mit, nähert sich ihm und fragt: „Verstehst du auch, was du liest?" – „Wie könnte ich es, wenn mich niemand anleitet?", lautet die Antwort. Philippus und der Kämmerer lesen gemeinsam einen Text über den leidenden „Gottesknecht", der vor sechs Jahrhunderten entstanden ist. Der zeitliche Abstand hat nichts an seinem Wortlaut geändert, aber er versteht sich nicht von selbst. Daran hat auch die Kanonisierung des Textes – eine Maßnahme gegen die Fließrichtung des Vergessens – nichts ändern können. Zwar hat sie ihn in der Gegenwart ankommen lassen, aber damit ist noch nicht sein Verständnis gesichert. Ihn bloß zu lesen bringt kein Verstehen zustande. Lesen vollzieht sich zwar in der zweistelligen Relation von Text und Leser. Das Verstehen alter Texte aber braucht zumindest die dreistellige Relation von Text, Leser und Interpret. Bisweilen kommt als vierte Größe noch ein weiterer Text hinzu: die Deutung des Interpreten. Ausgehend vom schwer verstehbaren Prophetenwort verkündet Philippus dem Kämmerer das Evangelium Jesu von Nazareth. Er setzt es ein als Verstehensschlüssel eines anderen Textes, den er dabei zugleich als Zugang zum Evangelium erschließt.[56] Dies zeigt: Um zu verstehen, was man liest, muss man gelegentlich als Verstehenshilfe mehr und anderes lesen und verstehen als das, was ein zu lesender Primärtext zeigt.

Während der Dolmetscher gleichzeitig zwischen zwei Sprachen und Sprechern agiert, bewegt sich der Interpret deutend und verdeutlichend zwischen einem Text und dessen zeitversetzten Lesern. Auf diese Weise stellt er eine Nähe des Geschriebenen zum Lesenden her. Aber mit seiner Deutung bringt er zugleich einen weiteren Text hervor. Mit ihm erschließt ein Interpret den schwer verständlichen Text eines anderen zeitversetzten Autors. Allerdings bringt er dabei einen Text ins Spiel, der irgendwann selbst wiederum auslegungsbedürftig wird.

Die Theologie hat das Schicksal erlitten, dass ihre Deutungen des Evangeliums im Lauf der Zeit schwer verständlich und deutungsbedürftig geworden sind. Ihre Texte benötigen offenkundig Interpretationen in Gestalt neuer Texte, die von einer anderen Autorengeneration eingebracht werden. Es müssten Autoren sein, die nicht in der Gefahr stehen, Deutungsverlegenheiten mit denselben Mitteln beseitigen zu wollen, welche diese Verlegenheiten ausgelöst haben.

## Sprachverlust und Spracherwerb

Vielfach sind es nicht nur die Tücken einer religiösen Fremdsprache, sondern auch Tonlage und Stil des Auftretens, die eine Verständigung zwischen Verkünder und Hörer des Evangeliums verhindern. Derartige Verstehensprobleme können auch Übersetzer, Dolmetscher und Interpreten des Evangeliums nicht dauerhaft lösen. Ihre nachhaltige Überwindung verlangt nach einem Intensivkurs in Stil- und Stimmbildung für „Verkündigungsbeauftragte". Das Anforderungsprofil eines theologischen Stilverbesserers ist allerdings ungleich leichter zu erstellen als zu erfüllen.

In einer Zeit, die vielleicht (wieder) an Gott glauben möchte, aber die Wirklichkeit Gottes nur in schwer verständlichen Worten bezeugt findet oder Unstimmigkeiten in diesen Zeugnissen entdeckt, müsste es jemand sein mit einer Phobie vor dogmatischer Besserwisserei und phrasenreicher Glaubenstümelei. Es müsste ein Kenner des religiösen Vokabulars sein, der die inflationär gebrauchten Glaubensworte so lange dreht und wendet, bis sie ihren religiösen Eigensinn und existenziellen Hintersinn preisgeben. Unstimmiges vermeidet man in deduktiv abgesicherten Konklusionen, die sich aus unstrittigen Prämissen ergeben. Zustimmung ist damit noch nicht garantiert.[57] Man muss darauf auch eingestimmt werden, sich auf religiöse Rede-Wendungen neu einzulassen. Allerdings muss man sich darauf gefasst machen, dass solche Versuche auch misslingen. Den dabei drohenden Schaden halten jene Autor/inn/en in Grenzen, die essayistisch schreiben. Sie wälzen Bücher und verfolgen Gedanken anderer Autoren, entwerfen eigene Ideen und verwerfen sie unter dem Druck des Selbstzweifels. Ihrem Thema nähern sie sich von verschiedenen Seiten, sammeln Ideen und Geistesblitze, brechen aber auch einen Gedankengang ab, wenn er zur Sackgasse wird.

Bietet die Theologie genügend Raum für Essayisten, die sich nicht hinter den Fußnotenbarrikaden ihrer akademischen Zunftgenossen verstecken und stattdessen – in ironischer Selbstdistanz zum Berufsimage – auf eigenes Risiko publizieren? Gibt es glaubwürdige Fachvertreter/innen, denen man glaubt, was sie sagen, auch wenn sie nicht all das vortragen, was der Katechismus der katholischen Kirche zu glauben vorgibt? Wo bilden sich Widerstandsgruppen gegen eine banalisierende und trivialisierende Rede vom „lieben" Gott? Wo finden sich Männer und Frauen, die tatsächlich das betreiben, wovon sich die Theologie eigentlich umtreiben lassen müsste: Glaubenssätze werden beständig der kalten Luft des Unglaubens ausgesetzt. Erst nach dieser Durchlüftung ist es zu riskieren, sie auch den Glaubenden vorzusetzen.

Wenn sich auf die Stellenausschreibung eines theologischen Stilverbesserers niemand aus der theologischen Zunft meldet, wird man sich in anderen Kreisen entsprechende Expertisen suchen müssen. Es liegt nahe, solche Experten im Kreis der Schriftsteller und Poeten zu vermuten. Von ihnen wird sich die Theologie am ehesten Gegenmittel zum religiösen Sprachverlust und Hilfen zum religionskritischen Spracherwerb erhoffen.[58] Allerdings erfüllt sich nur selten die Erwartung, man müsse nur das eine richtige Wort finden, das einem von semantischen Wucherungen und Geschwüren, von „Aussatz" (Mt 8,1-4) und Aussetzern befallenen religiösen Reden wieder aufhilft.

*Krippe*

im gedroschenen stroh
des leeren geredes
kein körnchen wahrheit mehr

täglich wächst der hunger
dass ein wort geboren werde
nahrhaft wie ein weizenkorn

(Andreas Knapp)[59]

Die Theologie wird nicht nur von Wortfindungsstörungen geplagt. Wenn es lediglich darum ginge, würden Gedächtnisübungen und Souffleusen rasch Abhilfe bringen. Aber viele Worte sind längst abgedroschen oder haben eine Missbrauchsgeschichte hinter sich, die man sich ebenfalls ins Gedächtnis rufen muss. Wer sich nach einer unverbrauchten Sprache umsieht, muss sie in anderen (Kon-)Texten suchen. Viele zeitgenössische Dichter arbeiten an solchen Text- und Kontextinnovationen. Ihre „Gedichte sind Sprachversuche, Sprachexerzitien, Sprachlaboratorien – contrafaktisch aller Verhöhnung und Verhunzung der Wörter zum Trotz. ... Ge-dichte, die ihren Namen verdienen, sind investiertes Vertrauen in die Kraft der Selbstreinigung der Sprache durch Sprache. Denn wer mit Sprache sensibel arbeitet, weiß um Chancen und Risiken. Weiß, was Sprache anrichtet und ausrichtet."[60]

Von dieser Sensibilität ist in der Theologie wenig zu spüren, wenn sie literarische Texte bloß auf säkulare Resonanzen religiöser Themen abhorcht oder für poetische Annäherungsversuche an ein spirituell aufgeschlossenes Publikum einsetzt. Es reicht auch nicht, lediglich auf Texte zu rekurrieren, die eine glatte theologische Anschlussdeutung in Aussicht stellen. Wo alles Sperrige und Dissonante unterschlagen wird und die Heterogenität theologischer und poetischer Texte übergangen wird, ist wenig gewonnen.[61]

Moderne Literatur und Religion kommen zwar darin überein, dass sie Grundfragen des menschlichen Daseins aufwerfen.[62] Enttäuschte Liebe, untröstliche Trauer und tragische Schuld können poetisch durchaus auf eine religiöse Tiefengrammatik hin durchbuchstabiert werden. Literatur und Religion geraten aber über Kreuz, wenn religiöse Antworten im Modus der Beschwichtigung oder erbaulichen Belehrung erteilt werden. Oft handelt es sich dabei um Ausreden, die kaschieren sollen, dass es um unbeantwortbare Fragen geht. Anstatt darüber ins Nachdenken zu kommen, wie man mit diesen Fragen leben kann, suggeriert ein frommer Oberton, man könne ihnen mit einem Katechismus entkommen oder sie in einer liturgischen Auszeit für eine Weile loswerden.

Für solche Ausweichstrategien hat die moderne Literatur nichts übrig. Auf sie zu verzichten, kann auch der Theologie nur zugutekommen. „Der Protest gegen religiöse Heuchelei, rigides Moralisieren oder klerikale Bevormundung hat in der Literatur vielfältige Ausdrucksformen gefunden; er kann religiösen Akteuren blinde Flecken spiegeln und sie zur Selbstbesinnung anregen. Auch wird die Sondergruppensprache frommer Zirkel durch die suchende Nachdenklichkeit literarischer Zeugnisse aufgestört. Es gibt Fragen und Zweifel, die nur um den Preis der Verflachung des Glaubens ausgeblendet werden können, ... Der Schmerz, dass Gott fehlt, dass seine rettende Gegenwart vergeblich erfleht wird, ist ebenso Anlass zu bohrenden Rückfragen wie die Erinnerung an die verstummten Schreie der Opfer, die Melancholie und Verzweiflung der Hinterbliebenen. Hat das abgeschnittene Leben der Opfer eine Zukunft vor sich, kann das Versäumte jenseits der Bruchlinie des Todes nachgeholt werden? Besteht Hoffnung auf Restitution der Gerechtigkeit, so dass die Täter nicht auf Dauer über ihre Opfer triumphieren?"[63] Wenn für diese Fragen keine passende Sprache zur Verfügung steht, kann es auch für mögliche Antworten nicht die richtigen Worte geben.

Allerdings ist das Frage/Antwort-Schema in weithin säkularisierten Gesellschaften kaum noch anwendbar. Fraglich ist nicht allein, ob religiöse Antworten auf existenzielle Fragen überhaupt noch die Chance haben, dass sie vernommen werden. Vielmehr ist auch unklar, ob und inwieweit das Bedenken der eigenen Existenz in ihrer Fraglichkeit mehr als eine achselzuckende Verlegenheit hervorruft. Wer

sich als Sinnanbieter auf die Suche nach den Sinnsuchen-
den macht, kann lange erfolglos unterwegs sein – und sich
bisweilen auch selbst verlaufen.

Vor einer ähnlichen Herausforderung stehen Poesie und
Poetik. Auch ihre Bemühungen stehen auf der Kippe. Es
kommt selten genug vor, dass Gleichgültigkeit in Aufmerksamkeit umkippt. Erfolgsrezepte gibt es nicht. Und dennoch
lohnt der Blick auf Autoren und Texte, die ihr Publikum
immer wieder finden. Gelungene literarische Werke sind
ebenso wie geglückte theologische Sprechversuche das Ergebnis „feinfühliger Gegenwartserspürung, die sich kaum
festlegen lässt, eher in Fragerichtungen formuliert werden
kann: Wo sagt – gerade in der Annäherung an Gott – die
verstummende Pause in Gedichten mehr als der ausführ-
liche Bericht; wann bedarf es der symbolisch verschlüsselten
Andeutung mehr als der einlinigen Definition; wie öffnen
sich für Lesende Tiefendimensionen unterhalb der Text-
oberfläche? In der Beachtung solcher Fragen spüren
Schriftstellerinnen wie feinfühlige Seismographen sehr genau, was Sprache im jeweiligen Kontext kann und darf. Si-
cherlich sind literarischer Stil und Ausdruck – manchmal
hermetisch, elitär, nur Spezialisten über differenzierte lite-
raturwissenschaftliche Deuteprozesse zugänglich – von
Theologinnen in ihrem Sprechen von Gott dabei nicht einfach zu übernehmen. Das Nachspüren der sprachlichen Be-
sonderheiten zeitgenössischer Literatur kann jedoch zur unverzichtbaren Reflexion über den eigenen sorgsamen
Sprachgebrauch in Theologie und Religionspädagogik anregen."[64] Wen poetische Gedanken kalt lassen, wird sich
auch für religiöse nicht erwärmen. Entsprechend dürftig fallen theologische Gedanken aus, die weder eine poetische
noch eine spirituelle Note haben.

Leichter wäre es, von Gott zu schweigen
    als von ihm zu reden.
Wer schweigt blamiert sich nicht.
Wer schweigt, ist nicht angreifbar.
Wer schweigt, scheint weise zu sein.

    (Kurt Marti)[65]

Allerdings ist nicht jegliche religiöse Schweigsamkeit ein Beleg von Weisheit. Es kann zwar ein kluges, beredtes Schweigen geben, das ohne Worte viel sagt. Aber oft entsteht ein betretenes Schweigen, nachdem zu viele und falsche Worte gemacht wurden. Wer jetzt schweigt, gesteht ein, dass sein Reden zur Blamage führte. Und dann gibt es noch das verschämte Schweigen, das sich nicht traut mit der Sprache herauszurücken, weil es nicht am rechten Wort, wohl aber an Mut fehlt.

# II. Wortschatzgräber:
# Theopoetik und Theologie

Wer meint, in religiösen Angelegenheiten „unmöglich schweigen zu können" (Apg 4,20), muss etwas zu sagen haben. Wer sich nicht zutraut, das Wort zu ergreifen, braucht Ermutigung. Und wer mutig genug ist, sich vernehmbar zu machen, tut sich leichter, wenn es dafür Leit- und Vorbilder gibt. Gesucht sind hierfür Experten theologischer Sprachkunst, die sich nicht mit dem Darlegen religiöser Einsichten begnügen. Ihre Sprachästhetik versteht sich als Darstellende und als Bildende Kunst. Sie haben es zugleich auf die Schulung des Ausdrucksvermögens und auf die Erweiterung des Deutungsspektrums dieser Einsichten abgesehen. Ihnen gelingen Übersetzungen des Evangeliums in eine Sprache, in der es wie ein Original wirkt.

Dass es Bedarf an solchen Übersetzungen der Gottesrede gibt, wird nicht immer zugegeben. Manchmal ist deren Notwendigkeit auch nicht hinreichend bewusst. Es scheint anderen, größeren kirchlichen Reformbedarf und wichtigere pastorale Baustellen zu geben. Aber auch dies kann ein Trugschluss sein. Pastorale Betriebsamkeit täuscht leicht darüber hinweg, dass man sich längst im spirituellen Leerlauf befindet.

*Rede des ev. Pfarrers*

(lacht:)
Ach, wissen sie,
auch ohne ihn
haben wir viel zu tun.

51

Manche in der Gemeinde
Haben ihn schon vergessen.
Anderen fehlt er. Sehr.
War es besser mit ihm?
Der Trost drang tiefer,
und die Scham darüber,
geboren zu sein,
ließ sich leichter verbergen.

(Michael Krüger)[66]

Manche existenzielle und spirituelle Leerstelle lässt sich geschickt abdecken. So kann man auch vermeiden, dass nachgefragt wird, was diese Leere entstehen ließ. Dabei gerät kein Mensch in die peinliche Situation, sich eine religiöse Blöße zu geben und die Erfahrung des Gottes- und Glaubensverlustes zu gestehen. Eine solche Bloßstellung will auch die Theologie vermeiden. Selbst wenn Gott für die säkulare Gesellschaft kein Thema mehr ist, hat sie noch genug zu tun. Bei der Einwerbung von Drittmitteln ist sie weiterhin erfolgreich. Dabei ist es nur nötig, die einstmals als „Glaubenswissenschaft" charakterisierte Disziplin nun mit einem kulturwissenschaftlichen Anstrich zu versehen, sie interdisziplinär aufzustellen oder transdisziplinäre Vorhaben anzugehen. Natürlich kann sie sich auch damit begnügen, angesichts einer unsicheren Zukunft an kirchlichen Hochschulen der drohenden wissenschaftlichen Obdachlosigkeit zu entgehen. Und wenn sie dort für die Glaubenden keine neuen Worte mehr findet, um mit ihnen von, über oder zu Gott zu sprechen, kann sie auch diese Blöße kaschieren. Die Archive der Gottesrede sind gut bestückt. Was soll falsch daran sein, daraus immer wieder Exponate für religiöse Sprachvitrinen hervorzuholen?

Akademischer Gottesrede, die aus dem Archiv lebt,
droht die Musealisierung. Welche Gefahren sich daraus ergeben, wird nur selten diskutiert. Schließlich gelten Museen
als Orte, an denen auch in Zukunft antreffbar ist, was für
erhaltenswert gehalten wird. Hat es den Status des Klassi-
schen erlangt, gilt es sogar als veraltensresistent. Allerdings
gesellt sich zu dieser Einschätzung gelegentlich die Haltung
der Innovationsresistenz. Man unterlässt das Erlernen einer
neuen wissenschaftlichen Zweit- oder Drittsprache, weil das
Veraltenstempo ihres Wortbestandes ungleich höher erscheint. Religiöse Mehrsprachigkeit gilt darum auch nicht
als Bildungsideal. Eine plausible Begründung für semantische Traditionstreue ist rasch gefunden: Wie jede andere
Wissenschaft ihre Fachsprache braucht, so benötigt die
Theologie ihrerseits eine Terminologie, die über längere
Zeit hinweg konstant bleibt und Diskurskontinuität sichert.[67] Allerdings kann dieser Umstand auch zu faulen
Ausreden animieren. Die Theologie wird mundfaul und be-
schränkt sich auf ein Vokabular, dessen lehramtliche Unbe-
denklichkeit verdeckt, dass es nichts mehr zu denken gibt.
Es kann gedankenlos weiterverwendet werden.

Inzwischen kommen selbst dem kirchlichen Lehramt
Bedenken im Blick auf lehramtlich unbedenkliche Sprechweisen: „Manchmal ist das, was die Gläubigen beim Hören
einer vollkommen musterhaften Sprache empfangen, aufgrund ihres eigenen Sprachgebrauchs und -verständnisses
etwas, was nicht dem wahren Evangelium Jesu Christi entspricht. In der heiligen Absicht, ihnen die Wahrheit über
Gott und den Menschen zu vermitteln, geben wir ihnen bei
manchen Gelegenheiten einen falschen „Gott" und ein
menschliches Ideal, das nicht wirklich christlich ist. Auf diese Weise sind wir einer Formulierung treu, überbringen aber
nicht die Substanz. Das ist das größte Risiko."[68]

## Sprachbegabung und Stilbildung: Kompetenzgewinn

Wo nicht länger ohne Bedenken das Wort „Gott" gemieden oder nur verschämt nach seiner verlorenen Bedeutung gefragt werden soll, sind Interpreten dieses Wortes nötig, denen existenzielle Authentizität wichtiger ist als das lehramtliche Attest der Rechtgläubigkeit. Vonnöten sind Dichter und Denker, die Fehlanzeigen erstatten und Vermisstenanzeigen aufgeben, die metaphysischer Unbehaustheit und säkularer Trostlosigkeit ebenso auf den Grund gehen wie sie die Gottesverdrängung im religiösen Establishment bloßstellen. Wo diese Aufgabe übernommen wird, geschieht dies meist aus ironischer Halbdistanz.[69] Wird sie von kirchlichen Führungseliten angegangen, regiert jedoch häufig Verkniffenheit. Geistreiche Kritik am säkularen und religiösen Zeitgeist ist selten. Dass sie mit sprachästhetischem Feinsinn versehen wird, kommt noch seltener vor.

Um solche Mangelerscheinungen zu überwinden, brauchen Theologie und Kirche jenen Esprit, den Menschen mitbringen, die mit dem Geist Gottes begabt sind und neben dem „sensus fidei" auch eine besondere Sprachsensibilität in sich tragen. Zum Glück wird man bei der Suche nach solchen Vorbildern bald fündig. Es gibt durchaus gute Theolog/inn/en, die zugleich gute Literat/inn/en sind und das Zeug zum theologischen Stilbildner haben. Das 20. Jahrhundert hat etliche „Theopoeten" hervorgebracht. Zu ihnen zählen vor allem Huub Osterhuis,[70] Dorothee Sölle,[71] Kurt Marti,[72] Gottfried Bachl.[73] Die nachfolgende Generation repräsentieren Christian Lehnert[74] und Andreas Knapp.[75] Aber auch Wilhelm Bruners[76], Thomas Schlager-Weidinger[77] und Christian Heidrich[78] gebührt ein Platz in dieser Riege.

Von ihnen ist zu lernen, wie man sich die Empfindlichkeit für religiösen Sprachverschleiß bewahrt und wie man zugleich religiöse Schweigespiralen durchbrechen kann. Ihr Stil bewegt sich fernab des Gestus einer frömmelnd-trotzigen Bezeugung religiöser Gewissheiten. Sie wählen den Modus des Herantastens, der behutsamen, vorsichtigen Annäherung an die existenziellen Fragen des Menschen. Sie lassen aufhorchen mit provokativen Verfremdungen und skeptischen Zitaten überkommener Antworten. Sie betätigen sich vor allem als Wortschatzgräber und schürfen geduldig an den Claims der säkularen und religiösen Sprache. Ihre Texte zeigen, wie man einen Gedanken an Gott anzetteln kann.

Was sich die akademische Theologie von ihnen abschauen kann, ist ein poetisches Reden von/über/zu Gott, das heutigem Sprach- und Glaubensbewusstsein entspricht. Sie liefern die Umsetzung und Füllung eines seit etlichen Jahren in der Theologie diskutierten neuen Formates, für das sich die Kategorien „Theopoesie" und „Theopoetik" anbieten.[79] Dieses Format unterscheidet sich hinsichtlich seines Anspruchs, seiner Eigenheiten und seiner Hermeneutik von Leben und Glauben erheblich von den etablierten akademischen Sprechweisen und deren Interpretation:

- Theopoesie nimmt Stellung zu theologischen Themen unter Verwendung lyrischer Sprache und Stilmittel.
- Theopoetische Texte verlangen keinen spezifischen Zugang, der von außen (z. B. aus historisch-kritischer Perspektive) freilegt, was sie sagen wollen. Sie sprechen aus sich heraus. Vom Leser erwarten sie den Einstieg in einen Vorgang, der sich im Text bzw. bei der Lektüre eines Textes ereignet.
- Theopoetische Texte sind die „performance" ihres Inhaltes, d. h. sie sind darauf aus, dass sich mit ihnen ein-

stellt, worauf sie hinauswollen. Durch sie geschieht, was zunächst ins Schreiben eingegangen ist und nun beim Lesen im Leser vorgeht.

- Für theopoetische Texte sind Stil, Formen und Sprechmuster nicht Behältnisse oder die Ummantelung von Inhalten, sondern zugleich deren Ausdruck.
- Der literarischen Form theopoetischer Texte kommt eine eigene, sinnkontituierende inhaltliche Bedeutung zu.
- Theopoetische Texte sind erst dann richtig verstanden, wenn man nicht nur angeben kann, was *in* ihnen gesagt wird, sondern auch erfasst, was *mit* ihnen gesagt wird.

Gleichwohl spielt sich Theopoesie nicht abseits der akademischen Versuche einer Plausibilisierung des Glaubens ab. Beide Formate intendieren mit jeweils eigenen Mitteln und Methoden die „Übersetzung theologischer Begrifflichkeiten in eine adäquate zeitgemäße Sprache, die an der gegenwärtigen Erfahrungswelt anschließt sowie die Übertragung religiöser Thematiken in einen säkularen Kontext, dem die Relevanz dieser Dimension nicht evident ist."[80]

## Denken und Dichten: Zweierlei Kunst

Wer sich mit Theopoetik und Theologie beschäftigt, hat mit zweierlei Arten von Kunst zu tun. Die Theologie steht der „Denkkunst" am nächsten. Sie ist interessiert am folgerichtigen Verknüpfen von Gedanken. Sie bevorzugt den argumentativen Diskurs, strebt nach logischer Stringenz und will, dass ihren Ergebnissen allgemeine Gültigkeit attestiert wird. Die Theopoetik hingegen ist der „Dichtkunst" zu-

zuordnen.[81] Ihr Gegenstand und zugleich ihre Quelle ist das Vermögen des Menschen, im Medium der Sprache etwas hervorzubringen, das Bilder erzeugt und das Imaginationsvermögen anregt. Sie nimmt Deutungen religiöser Überlieferungen vor, die jedem Leser etwas individuell Bedeutsames erschließt. Sie bezieht sich auf eine Form der Welt- und Gotteszugewandtheit, die sich in einer spezifischen Form der Sprachgewandtheit äußert. Sie geht an die Grenzen des Sagbaren, aber macht dort nicht Halt. Ihr Anliegen ist nicht die zwingende Beweisführung, sondern die Befreiung von Denk- und Begriffszwängen. Sie lässt sich nicht in das Korsett des Syllogismus einschnüren. Sie versieht Sätze mit Sang und Klang, mit Rhythmus und Melodie.

Logik will einleuchten,
Poesie lässt aufleuchten.

Logik will sichten,
Poesie macht sichtbar.

Logik schärft ein,
Poesie spitzt zu

Theopoetik will die Mittel und Möglichkeiten der Poesie für das Reden von Gott nutzbar machen und den Radius des Sagbaren schrittweise erweitern, bis angesichts der Unbegreifbarkeit Gottes schließlich Zeichen für ein beredtes Schweigen gesetzt werden müssen. Während es der Theologie primär um die reflexiv-argumentative Erörterung der sprachlichen Bezugnahmen auf Gott geht und ihr Gegenstand das Reden *über* Gott ist, zeichnet die Theopoesie eine größere Bandbreite religiöser Sprechakte aus. Dazu gehören Bekenntnisse und narrative Zeugnisse einer Begegnung mit Gott (aber auch des Entbehrens und Vermissens Gottes) und ein evokatives Reden *von* Gott, das aufhorchen lässt, weil es eine Tonspur der Transzendenz erzeugt. Ebenso lotet die Theopoesie sowohl invokative und akklamatorische Akte des Sprechens *zu* Gott (Gebete, Psalmen, Hymnen, Litaneien) als auch performative Vollzüge eines Sprechens *im Namen* Gottes aus – wie etwa sakramentale Sprachhandlungen (Taufe, Sündenvergebung, Segensspendung).[82]

Theopoesie ist als Ausdruck einer Beschäftigung mit dem religiösen Sprachvermögen des Menschen ursprünglicher als Theologie. Denn jeder religiöse Mensch ist eigentlich ein Theopoet, wenn er sich im Gebet mit eigenen oder geliehenen Worten an Gott wendet.[83] „Die Rede von Gott stammt allemal aus der Rede zu Gott, die Theologie aus der Sprache der Gebete … die Sprache der Gebete ist nicht nur universeller, sondern auch spannender und dramatischer, viel rebellischer und radikaler als die Sprache der zünftigen Theologie. Sie ist viel beunruhigender, viel ungetrösteter, viel weniger harmonisch als sie. Haben wir je wahrgenommen, was sich in der Sprache der Gebete durch Jahrtausende der Religionsgeschichte angehäuft hat … Das Geschrei und der Jubel, die Klage und der Gesang, die Zweifel und die Trauer und schließlich das Verstummen?"[84] Unter dieser Rücksicht ist die Gebetssprache durchaus „diesseitig" fundiert. Sie rückt nah an die erlebte und erlittene Wirklichkeit heran. Sie tabuisiert weder Gottesferne und Gottesverlust des Menschen noch unterschlägt sie die Grausamkeiten und Verstümmelungen des Daseins, zu denen nur der Mensch fähig ist. „Keine Sprache kennt … so wenig Sprachverbote wie die des Betens. Sie schließt nichts aus, keine Zweifel, keine Resignation, keinen Protest und keine Verwerfung …"[85] Die Gebetssprache greift viel weiter aus als die Texte eines selbstgewissen Glaubens und einer religiösen Doktrin. Sie spricht Gott an, stellt ihn zur Rede und zerbricht an seinem Schweigen.[86] Warum sollte sich die Theologie nicht daran ein Vorbild nehmen?

Eine Theologie,
der kein Psalm zugrunde liegt,
wird die Universität nie verlassen

(E. Benyoëtz)[87]

Dogmatische Texte sprechen die Gemeinschaft der Glaubenden an und zielen auf die Feststellung einer Übereinstimmung im Glauben. Unter dieser Rücksicht kandidieren
sie für den Status eines Konsenstextes. Sie stehen am Ende
eines – vielfach konflikthaften – Prozesses der theologischen
Urteilsbildung und geben an, in welchen Glaubensfragen
unter den Glaubenden eine Übereinstimmung möglich ist,
die über den Tag hinaus Bestand hat. Hingegen sind theopoetische Texte vielfach Dissenstexte. Sie sprechen ins Un-
reine. Sie artikulieren Verluste und Entbehrungen; sie äu-
ßern sich im Klagen, Flehen, Zweifeln, Hoffen. Sie halten
fest, womit sich ein Mensch nicht abfinden kann. Sie stellen
sich nicht einer Abstimmung, sondern wollen eine Stimme
sein, die Unstimmiges benennt. Sie widersetzen sich einem
vermeintlich letzten Wort in einer strittigen Sache. Sie op-
ponieren gegen Machtworte, gegen Verfügungen der Ge-
dankenpolizei und gegen Dekrete der Glaubenswächter.

Denken stellt das Gedachte
Glauben das Geglaubte
in Frage

(E. Benyoëtz)[88]

Theopoetische Texte erinnern daran, dass man Gottes
Wirklichkeit auch sprachlich nicht habhaft werden kann.
Daher zeichnet sie ein „suchendes Sprechen"[89] aus, nicht
ein Sprechen über etwas, das man bereits definitiv bestimmen könnte. Gegen ein dogmatisches „so und nicht anders"

setzen sie ein „nicht nur so, sondern auch anders" – und beziehen diese Korrektur auch auf sich selbst.

Aber nicht jeder Text, der einen theopoetischen Anspruch erhebt, kann die damit verbundenen poetischen Qualitätsmerkmale aufweisen. Es genügt nicht, bloß die Regeln der Groß- und Kleinschreibung zu ignorieren, willkürliche Zeilenumbrüche zu setzen, einen bunten Salat aus Metaphern und Metonymien anzurichten und ein paar semantische Versatzstücke mit religiöser Note als bekömmliches Salatdressing anzubieten. Schlechte Prosa kann durch solche Tricks nicht in gute Lyrik verwandelt werden. Wer verschwurbelt schreibt, beweist nicht bereits Tiefgang. Hohe Auflagen, die manche Autoren erreichen, sind ambivalent. Sie können ein Indiz sein, dass sich auch literarische und theologische Ramschware gut verkaufen lässt.

## Die Pflicht zur Konzentration:
## Fasse Dich kurz!

Wenn es im Folgenden darum geht, die Theopoetik als ein genuin theologisches Projekt auszuweisen, sind damit Anregungen und Vorschläge verknüpft, wie die zuvor beschriebenen Desiderate theologischen Spracherwerbs und theologischer Stilistik überwunden werden können. Dabei liegt das Augenmerk zunächst auf einem Vergleich poetischer und theologischer Zugänge, die sich durch ein Höchstmaß an Konzentration auf Wesentliches beim Reden von Gott und Mensch auszeichnen. Diese Konzentration wird festgemacht an der Kürze der Texte und an der Prägnanz ihrer Sprache. Es gilt, ohne Umschweife zur Sache zu kommen und sie möglichst präzis zur Sprache zu bringen.[90] An diesen Kriterien muss sich auch messen lassen, wer vorab das Projekt „Theopoetik und Theologie" charakterisieren will:

(1) Im Zentrum stehen Formen theologisch relevanter Kurzprosa und Lyrik, in denen wortkarg verdichtet und aphoristisch zugespitzt die Sprache auf Gott kommt. Dabei geht es um Einsichten, für die gilt: Alles, was gesagt werden soll, muss kurz und knapp gesagt werden können.

(2) Auch mit wenigen Worten lässt sich viel sagen. Gute poetische Kurztexte erkennt man daran, dass sie kein weiteres Wort brauchen, um noch besser zu werden. Aber sie verderben, wenn man auch nur ein Wort streicht. Guten theologischen Kurztexten merkt man an, dass zur Sache noch mehr gesagt werden könnte. Aber sie vermitteln genügend Informationen, um Un- und Halbwissen zu beseitigen.

(3) Lyrik ist Dichtung, d. h. Ergebnis und Ausdruck einer sprachlichen Konzentration von Eindrücken, Wahrnehmungen, Erfahrungen, Ängsten, Hoffnungen, Sehnsüchten etc. Lyrik kommt mit wenigen Versen und Worten aus, die in äußerster Verknappung zur Sprache bringen, wofür andere Rede- und Schreibgattungen viel Zeit und Raum benötigen.

(4) Fokussierung, Konzentration und (Informations-)Verdichtung kennzeichnet auch diverse Formate theologischer Kurztexte (u. a. Lexikonartikel, Katechismusabschnitte). Anliegen und Ziel dieser Texte ist Glaubensinformation: Jeder soll wissen, was Christen glauben. Jeder soll wissen, was die „basics" und „essentials" des christlichen Glaubens sind.

(5) Verdichtete theologische Sprache zielt auf semantische Klarheit und sachliche ‚Objektivität', die nur eine geringe

Variationsbreite möglicher Deutungen ihres kognitiven Gehalts zulässt. Verdichtete poetische Sprache zielt ebenfalls auf Prägnanz und Präzision, bezieht dies aber auf Stil und Form sowie auf ein den Text auszeichnendes Adressatenmoment, das sich in der Offenheit für unterschiedliche Deutungsperspektiven und Interpretationen seitens der Leser/innen spiegelt. Ein poetischer Text ist nicht einfach ein geschlossenes Ganzes, dessen Bedeutung in einer Interpretation seines „präpositionalen" Gehaltes entweder eindeutig erfasst oder klar verfehlt werden kann. Vielmehr ist er zugleich Medium einer Interaktion mit Leser/inne/n, die eine für sie spezifische bzw. besonders relevante Bedeutungsvariante erfassen sollen.

(6)   Theopoetische Texte greifen zum Kurz- und Intensivformat des Redens von/über/zu Gott. Ihr Anliegen ist die poetische Darstellung dessen, was von/über/zu Gott sagbar ist. Ihre Intention ist die Einladung zur individuellen Vertiefung religiös und existenziell belangvoller Einsichten. Sie konfrontieren die Leser/innen bei ihrer Lektüre nicht mit einer religiösen Lehre, sondern sind das Echolot dieser Doktrin. Sie machen Resonanzen und Dissonanzen hörbar.

Religiöse und existenzielle Einsichten sind auf eine kontemplative Einstellung angewiesen und darin ästhetischer Einsicht verwandt: Ein reich bebildertes Buch über Malerei verlangt, dass man die beschriebenen Bilder auf sich wirken lässt. Texte über Bilder können das Betrachten dieser Bilder nicht ersetzen. Sie bieten bestenfalls eine gute Auswahl möglicher Deutungen. Bildbetrachtung wahrt die Offenheit für höchst unterschiedliche Deutungsperspektiven und Interpretationen. Theopoetische Texte setzen Sprachbilder (Metaphern) ein, um zu erschließen, was über den informativen Anteil religiöser und existenzieller Einsichten hinausgeht. Sie erinnern daran, dass sich manches besser zeigen als sagen lässt. Zuvor zeigen theopoetische Texte, wie man etwas zeigen und sehen kann. Erst dann stehen Deutungen (des Sehens und Zeigens bzw. Gesehenen und Gezeigten) an.

Theopoetische Texte wollen nicht primär religiöse Wahrheiten lehren, sondern legen vor allem die existenziellen und situativen Bezüge religiöser Wahrheitssuche, aber auch die Grenzen und Leerstellen des Redens über religiöse Einsichten frei. Ihnen gelingt es, religiöse Themen anzusprechen, ohne dabei religiöses Vokabular verwenden zu müssen. Sie schließen nicht einen Gedankengang ab, sondern lösen Nachdenklichkeit aus.

Theopoesie stößt auf etwas, stößt etwas an, wird anstößig. Sie kann ebenso irritieren wie ermutigen. Sie kann Selbstverständlichkeiten erschüttern und Erschütterungen verständlich machen. Theopoetische Texte sind sich ihrer Wirkung jedoch nicht gewiss. Darauf zu schielen, dass sie bei ihrem Publikum gut ankommen, kommt für ihre Autoren nicht in Betracht. Derartige Rücksichten bergen die Gefahr, dass ein Autor seiner Leserschaft hörig wird. Den Weg in Gottes Ohr finden solche Texte vermutlich auch nicht.

*Der Brunnen*

Wörter werfe ich
wie Steine
in die Tiefe des
Brunnens

Atemlos
höre ich hin
bis sie aufkommen
unten am Grund

Manche aber

scheinen in

eine unendliche Tiefe

zu fallen

Das Echo

ihres Aufschlags

entzieht sich

meiner Wahrnehmung

(Lothar Zenetti)[91]

Wer schreibt, will Gehör finden. Um sich dessen zu vergewissern, muss ein Schreiber nachhören. Bleibt ein Echo aus? Was ist der Grund, dass ein Text keine Resonanz findet? Vielleicht liegt es nicht am Schreiben, nicht an Inhalt und Stil, sondern an der Vermittlung des Geschriebenen. Überhört werden am ehesten Texte, die bloß verlesen, aber nicht vorgelesen werden. Das Vorlesen ist eine eigene Kunst.[92] Für die Ausübung dieser Kunst gilt die Warnung: Wer dabei lediglich Schallwellen erzeugt, die in menschliche Gehörgänge eindringen, kommt damit nicht weit genug. Aber auch das Publikum muss sich sagen lassen: Die pure Ausstattung mit einem Hörorgan genügt nicht, um zu verstehen, wovon die Rede ist (vgl. Jes 6,9 f.). Reden und Hören, Lesen und Verstehen sind Vollzüge, die eigens geschult werden müssen.

## Wenn Dogmatik auf Lyrik trifft: Beispiele und Übungen

Die Beschäftigung mit theopoetischen Texten zielt auf die Erweiterung theologischer Denk-, Schreib-, Rede- und Hörkompetenz. Sie greift auf bereits vorhandene Kenntnisse theologischer Themen und Terminologie zurück und lädt zu einem ebenso kritischen wie kreativen Abgleich mit poetischen Schreibmustern ein. Für diesen Abgleich ist man nur dann entsprechend vorbereitet, wenn die Unterschiede einer Hermeneutik dogmatischer und poetischer Texte hinreichend bekannt sind:

*Dogmatische Texte* haben einen spezifischen Zeit- und Problemindex, der für ihre Sprachgestalt und für ihre Deutung ganz entscheidend ist. Daher gilt es zu rekonstruieren, 1. zu welcher Zeit zur Klärung welcher Problematik eine dogmatische Aussage ursprünglich formuliert wurde, 2. ob diese Problematik heute noch virulent und relevant ist und 3. inwieweit die Klärung dieser Problematik sprachlich und argumentativ heute noch nachvollziehbar und plausibel ist.

Nehmen wir einmal an, dass in einer Dogmatikvorlesung eine Antwort gesucht wird auf die Frage, wodurch Jesus Christus die Gestalt der Selbstvergegenwärtigung Gottes in der Welt sein konnte. Eine dogmatisch korrekte Antwort wird zurückgreifen auf die christologischen Aussagen des Konzils von Nizäa (325), Jesus Christus sei der „Sohn Gottes, wahrer Gott vom wahren Gott, wesensgleich dem Vater, ...; der wegen uns Menschen und um unseres Heiles willen herabgekommen ist, Fleisch wurde und im Menschsein weilte." Hier sieht man in der „Wesensgleichheit" von Vater und Sohn die entscheidende ontologische Voraussetzung für die Einlösung des Anspruchs, man begegne in Jesus Christus nicht einem auf Gott verweisenden Geschöpf, sondern der Wirklichkeit Gottes selbst. Auf die

Anschlussfrage, wie die Realpräsenz des Göttlichen im Menschlichen ohne Minderung des Menschseins Jesu gedacht werden könne, wird als wiederum dogmatisch korrekte Antwort das Konzil von Chalcedon (451) und seine „Zwei-Naturen-Lehre" zitiert:

> „Unser Herr Jesus Christus ist als ein und derselbe Sohn zu bekennen, derselbe vollkommen in der Gottheit und derselbe vollkommen in der Menschheit, wahrhaft Gott und wahrhaft Mensch, ... in zwei Naturen unvermischt, unveränderbar, ungeteilt, untrennbar zu erkennen, niemals wird der Unterschied der Naturen aufgehoben der Einigung wegen, vielmehr wird die Eigentümlichkeit jeder der beiden Naturen bewahrt, auch im Zusammenkommen zu einer Person und einer Hypostase, nicht geteilt oder getrennt in zwei Personen, sondern ein und derselbe einziggeborene Sohn, Gott, Logos, Herr, Jesus Christus. (vgl. DH 301–302).

Um diesen Lehrformeln gerecht zu werden, muss sich die Interpretation gleichermaßen mit ihrer Historie und ihrer Gegenwartsrelevanz auseinandersetzen.[93] Dogmatik und Dogmenhermeneutik nehmen sich bei der Deutung des Konzilstextes die historisch-kritische Vorgehensweise der Exegese zum Vorbild. Diese sieht vor, dass folgende Aufgaben erledigt werden: Den Anfang macht (1) die Textkritik mit der Erfassung der authentischen bzw. autorisierten Textgestalt der konziliaren Lehrformeln. Darauf folgen (2) Literarkritik und Redaktionskritik mit der Erfassung von Quellen und deren redaktioneller Verarbeitung (Nachvollzug der literarischen Vorgeschichte des Konzilstextes – Eingehen auf Begriffs- und Motivgeschichte wichtiger Denkfiguren – Rekonstruktion von Stufen der Textbearbeitung bis zur Endfassung). Ihr schließt sich die (3) Gattungskritik an mit einer Bestimmung der im Text begegnenden semantischen Felder, ihrer gattungsspezifischen Bearbeitung und Blick auf den „Sitz im Leben", den die literarischen Versatzstücke eines Textes erkennen lassen. Den Abschluss bildet die (4) Traditionskritik mit der Analyse von Rezeption und Wirkungsgeschichte eines Textes.[94]

Allerdings wird bei diesem Vorgehen rasch deutlich, dass nur sehr begrenzt plausible Antworten auf die Eingangsfrage zu gewinnen sind. Der Klärungsbedarf altkirchlicher Konzilstexte ist höher als ihr Erklärungspotenzial. Die hinter diesen Texten stehenden christologischen Probleme und theologischen Kontroversen müssen nämlich mit erheblichem Aufwand heute erst wieder erzeugt werden, ehe die Konzilstexte als deren Lösung präsentiert werden können. Bei der Erläuterung der Problemlösung ist man vor allem mit dem Problem konfrontiert, dass semantische Barrieren und Blockaden die Akzeptanz der Lösung erschweren. Lehnbegriffe aus der neuplatonischen Philosophie und Ontologie wie „Hypostase" oder „Ousia", die ursprünglich als Interpretamente, d.h. als Verstehensschlüssel dienten, werden in der Moderne selbst zum Interpretandum, d.h. zu einer hermeneutischen Verschlußsache. Am deutlichsten wird dies angesichts einer Verschiebung der semantischen Bezüge der Begriffe „Person", „Natur" und „Substanz". Es fehlt hier „jeder Bezug zu neuzeitlicher Begrifflichkeit und zur Selbsterfahrung des Menschen, die sich in ihr reflektiert, um die Leit-Begriffe der altkirchlichen Christologie in gegenwärtiger menschlicher Selbstverständigung mit einer semantisch gehaltvollen Bedeutung verbinden zu können."[95]

Diese Schere geht umso weiter auseinander, je präziser Text und Kontext der altkirchlichen Christologie vor Augen gestellt werden. Der Versuch, heutigen Adressaten den Text (mit seinem ursprünglichen Kontext) nahezubringen, macht erst recht deutlich, wie groß Distanz und Differenz zwischen „damals" und „heute" sind. Diese Differenz bedeutet nicht, dass der Geltungsanspruch des Dogmas obsolet geworden ist. Die tradierte, formalisierte Glaubenssprache der altkirchlichen Konzilien ist eingeflossen in die Liturgie und wird seit Generationen über Katechismen weitergegeben. „Das Erstaunliche: Diese Sprache kann offensichtlich ganz für sich selbst existieren, in sich ihren Wahrheitsanspruch behalten – und gleichzeitig immer weniger Relevanz und Referenz ausstrahlen. ... Sie kann in ihrem Reden über Gott – provokativ und überspitzt formuliert – beides zugleich sein: theoretisch ganz notwendig und wahr; und praktisch weitgehend unerheblich."[96]

Wenn in einem *theopoetischen Text* christologische Bezüge erkennbar werden, kommt deren Hermeneutik mit einer historisch-kritischen Herangehensweise nicht weit genug. Es mag sein, dass auch hinter einem theopoetischen Text die Frage steht, was Jesus Christus ausgezeichnet hat, dass in seiner Person und Botschaft die Wirklichkeit Gottes in der Welt antreffbar wurde. Zwar kann man auch jetzt nach den sozio-kulturellen Umständen und dem „Sitz im Leben" einer theopoetischen Antwort suchen. Aber man wird im Unterschied zu einer dogmatischen Auskunft auf gänzlich andere semantische Felder, intertextuelle Bezüge, Stilmittel, literarische Motive und Quellen stoßen. Eine Klärung der ontologischen Implikate der „Gottessohnschaft" Jesu nimmt ein theopoetischer Text sicher nicht in Angriff. Aber es kann durchaus sein, dass er eine Assoziationskette in Gang setzt, die ein neues Sprachbild für die Zugehörigkeit Jesu Christi sowohl zur Sphäre des Menschlichen als auch des Göttlichen entwirft.

*doppelte staatsbürgerschaft*

mit beiden beinen auf der erde
und aufblick zum himmel

bürger dieser welt
geborgen in der anderen

von geburt an eine steuernummer
seit ewigkeiten unverdient geliebt

biometrisches passbild
theometrisches gottebenbild

wahlrecht in leipzig
erwählt für das himmlische jerusalem

(Andreas Knapp)[97]

Kann man die Metapher „doppelte Staatsbürgerschaft" als Alternativinterpretament oder funktionales Äquivalent zur „Zwei-Naturen-Lehre" einsetzen? Was dogmengeschichtlich abwegig erscheint, kann dennoch eine interessante Richtung des Nachdenkens einschlagen, zumal im theopoetischen Text immer wieder theologisch-anthropologische Doppelcodierungen auftauchen („erde – himmel" / „passbild – gottebenbild" / „biometrisch – theometrisch"), die durchaus der Logik des „ungetrennt und unvermischt" folgen. Eine Deutung theopoetischer Texte sollte natürlich auch auf textexterne Bezüge eingehen und z. B. die Stellung des Textes in der Werkbiographie des Autors/der Autorin sowie den Einfluss zeitgeschichtlicher Umstände auf seinen Inhalt thematisieren. Am vorliegenden Beispiel sind diese Bezüge so evident, dass ihnen sogar eine autobiographische Note zukommt. Von Andreas Knapp ist bekannt, dass er über Jahre hinweg in Leipzig eine religiös-säkulare Doppelexistenz führte. Er gehört dem Orden der „Kleinen Brüder

vom Evangelium" an, wohnt mit drei Mitbrüdern in einem
Plattenbau in Leipzig und hat sich seinen Lebensunterhalt
für geraume Zeit als Saisonarbeiter und Packer am Fließ-
band in einem Versandbetrieb verdient. Auf ihn, seine Mit-
brüder und seine säkularen Mitmenschen trifft buchstäblich
zu, was er in den letzten Zeilen seines Gedichtes notiert:
„wahlrecht in leipzig / erwählt für das himmlische jerusalem."

Wer theopoetische Texte schreiben oder deuten will, ist
gut beraten, sich an jenen Kriterien zu orientieren, die das
spezifische Genre eines solchen Textes und seine Struktur
betreffen. Hierbei weisen Gedichte eine besondere Kodie-
rung auf, die sich u. a. im Zusammenspiel von Metrum,
Klangbild und Rhythmus, von Lautsymbolik und Wort-
wahl, aber auch in der Durchbrechung syntaktisch-gram-
matischer Gewohnheiten sowie in semantisch-performati-
ven Abweichungen von der Alltagssprache zeigt.[98]

Allerdings ist mit diesem analytischen Zugang noch
nicht sichergestellt, dass Wirkung und Aussageabsicht des
Textes hinreichend erfasst werden. Theopoetische Texte
wollen, dass man sie sich durch den Kopf gehen lässt, sie
haben aber auch eine affektiv-emotionale Dimension – sie
wollen „unter die Haut" ihrer Leser/innen gehen. Dies gelingt jedoch nur dann, wenn die Leser/innen einen persönlichen Zugang zur Erzählsituation des Textes haben, d. h.
wenn sie an vergleichbare Umstände in ihren eigenem Leben erinnert werden. Jeder/r ist gefragt: Kenne ich die
Situation, aus der heraus der Text spricht? Kenne ich die
Situation, in die hinein der Text spricht?

In Nora Gomringers Gedichtband „Gottesanbieterin"
findet sich eine Anspielung an eine „theologia crucis", die
ihre affektive Wirkung durch die nonchalante Formulierung
eines riskanten Vergleiches erzielt. Sie beschreibt ein aus un-
zähligen Darstellungen der Kreuzigung Jesu bekanntes De-

tail (Joh 19,34: „Einer der Soldaten stieß mit der Lanze in seine Seite") und versieht dieses Detail mit einer Anspielung auf zwei scheinbar völlig unpassende Kontexte: die unterlassene Hilfeleistung an einem schwer Verwundeten und das ohnmächtige Hilfsangebot eines Kummerkastens.

*Man sieht's*

(...)
Jesus, ein Fremder an einem Holzkreuz,
hat einen schlimmen Schnitt in der Seite.
Seit tausenden Jahren verbindet den keiner.
Das ist schon fahrlässig.
Ein Mann wie ein Briefkasten dadurch.
Kummerkasten aus Holz mit Schlitz.
Gut, dass hier alles gewandelt wird. (...)

(Nora Gomringer)[99]

Indem Jesu Seitenwunde mit dem Briefschlitz eines Kummerkastens assoziiert wird, weitet und aktualisiert Gomringer den Spielraum für theologische Buchstabierübungen zum ikonographischen Inventar christlicher Passionsmystik.[100] Mit dem Bild des Kummerkastens wird auf vordergründig unpassende Weise eine Situation umrissen, worauf traditionelle Deutungen der Wundmale Christi jedoch passgenau anwendbar sind. Besonders im Mittelalter galten die Wunden des Gekreuzigten als Zuflucht für Menschen in großer Kümmernis. Der Mitleid erregende Anblick des Gekreuzigten führte zum Blickwechsel auf den Widerstreit von Leben und Tod, den Gott zugunsten des Lebens entscheidet. Die Seitenwunde, aus der Blut und Wasser floss, setzte man in Bezug zu Taufe und Eucharistie als Quelle neuen Lebens („fons vitae"). Gomringer trägt keine derart triumphalistische Deutung des Todes Jesu vor – und wagt dennoch, angesichts des Todes von Wandlung zu sprechen.

Häufig wird in der Theologie konstatiert und beklagt, dass sich kaum mehr Situationen ergeben, die einen Menschen auf den Gedanken bringen, an Gott zu denken oder über das Wort „Gott" nachzudenken. Aber ist es dann hilfreich, bar jeglichen konkreten Anlasses mit einer lehramtlichen Bestimmung des Gottesbegriffs aufzuwarten? Gibt es „Gottesdefinitionen", die geeignet sind, in jeder Situation und zu jeder Zeit verwendet zu werden? Die Sammler lehramtlicher Verlautbarungen zeitlos gültiger Aussagen halten dies für rhetorische Fragen.

> „Die heilige, katholische, apostolische, römische Kirche glaubt und bekennt, dass ein einziger, wahrer und lebendiger Gott ist, der Schöpfer und Herr des Himmels und der Erde, allmächtig, ewig, unermesslich, unergründlich, unendlich an Vernunft und Willen und jeglicher Vollkommenheit. Er ist ein einziges, durchaus einfaches und unveränderliches geistiges Wesen; darum ist Er, so muss man bekennen, wirklich und wesentlich von der Welt verschieden, in sich und durch sich vollkommen selig und über alles, was außer Ihm besteht oder überhaupt denkbar ist, unaussprechlich erhaben." (Vaticanum I/DH 3001).

Lehramtliche Schlüsseltexte zeichnet aus, dass sie ohne Umschweife zur Sache kommen. Dies ist auch ein Qualitätsmerkmal von Lexikonartikeln, die quantitativ streng limitiert sind. Trotz dieses Platzmangels kann ein guter theologischer Lexikoneintrag bestehende Informationslücken stopfen, Vorwissen bestätigen oder Vorurteile widerlegen.

„Gott (lat. Deus, griech. Theos, hebr. El, Elohim und Jahwe)
ist der dt. Name für denjenigen, der sich nach dem Zeugnis
des AT als der durch keine Grenze Beschränkte (Is 6; 1 Kg 8,
27), schlechthin Unvergleichliche (Ps 139,7–12 u. ö.), radi-
kal Lebendige (Ps 90), absolut Seinsmächtige, Zukünftige
und Zuverlässige (Ex 3,13 f.) offenbart, dessen All-Macht
sich aber nicht abstrakt, sondern in seinem geschichtsmäch-
tigen Handeln an seinem Volk Israel und über den Völkern
erweist und der sich in liebender Erwählung des Bundes-Vol-
kes und des Einzelnen als unmißverständlich personal zeigt.
Diesen selben bekennt Jesus als seinen Vater, der in Jesus den
Menschen gnädig und vergebend angenommen hat und in
ihm den Zugang zu seiner Basileia eröffnet. Er ist vom Wesen
her unsichtbar (Röm 1,20; Joh 1,18; 6,46), nur dem Sohn
bekannt (Joh 1,18 u. ö.), aber in der Selbstmitteilung an
den Sohn und von diesem an die Brüder als Liebe erkannt
(1 Joh 4,16 f.) und letztlich in Jesus als seinem getreuen Abbild (2 Kor 4,4; Kol 1,15) sichtbar geworden."[101]

Dem Lexikonartikel „Gott" wird man kaum eine besondere
poetische Qualität zusprechen, auch wenn er semantisch auf
Distanz zur dogmatischen Lehrformel des I. Vatikanischen
Konzils geht. Zwar zitiert er ausgiebig biblische Referenz-
stellen und variiert bzw. ergänzt damit sachlich und sprachlich die eher philosophisch formatierten Aussagen des Konzilstextes. Aber ihm fehlt jegliche Resonanz auf einen
existenziellen Impuls, der einen Menschen die Gottesfrage
stellen lässt. Erst wenn man einen theopoetischen Text „syn-
optisch" daneben legt und liest, wird deutlich, was Konzils-
aussagen und Lexikonartikel verschweigen, unterschlagen
oder übergehen, wenn man (nicht mehr) auf den Gedanken
kommt, (an) Gott zu denken:

73

*gottesferne*

kein auge
das über uns wacht

kein ohr
das sich uns zuneigt

nicht einmal eine hand
die uns auffängt

vielleicht aber schlägt
in einem pulsar
lichtjahre weit weg
gottes herz
noch leise leuchtend
für uns

(Andreas Knapp)[102]

Während der Lexikonartikel mit einer neutralen Informa-
tion einsetzt, beginnt der theopoetische Text von A. Knapp
mit einer Bestreitung („kein auge – kein ohr"). Wo der
Konzilstext mit Negationen gegen die Verwechslung von
Schöpfer und Geschaffenen angeht („unermesslich – un-
ergründlich – unendlich – unaussprechlich"), zeigt sich der
Theopoet betroffen von der Fehlanzeige existenzieller Ge-
borgenheit und der Hoffnung, dass es für den Menschen
dennoch ein Gegenüber gibt, dem er nicht gleichgültig ist.
Legt man theologische und theopoetische Texte neben-
einander, wird rasch klar, dass sie sich weder gegenseitig
ersetzen noch als Übersetzung des jeweils anderen gelten
können. Dass sie etwas Eigenes zu sagen haben, ist evident.
Ebenso offensichtlich ist, dass sie nicht alles sagen können.
In ihrer „Zusammensetzung" zeigen sie, was der jeweils andere nicht sagt. Der synoptische Vergleich theologischer
und theopoetischer Texte schärft zunächst das Bewusstsein

für die Mängel jeglicher Rede von Gott. Er sensibilisiert für das, was einem Text fehlt. Wer dieser Fehlanzeige in Gedichten nachspürt, macht somit eine spezifische Leseerfahrung, die über den Text hinausführt. Dies gilt anscheinend nicht für dogmatische Texte, wenn sie mit dem Gestus eines letzten Wortes ausgestattet werden. Dennoch trügt dieser Schein. Beide Textarten sind „Prismen vergleichbar. Wenn in ihnen von Gott die Rede ist, dann in der Gebrochenheit, mit der Lichtstrahlen in solchen Prismen sich brechen."[103] Die Brechung führt zur Dispersion des Lichtstrahls. Dabei kommt es zur Auffächerung des Lichtes in seine Bestandteile, die Spektralfarben. In jeder Farbe leuchtet etwas vom Ganzen auf. In jeder Farbe geht ein Licht auf und kann etwas vom Ganzen einleuchten.

Theologische Texte wollen nicht selten zu viel und sagen deshalb zu wenig. In einem theologischen Handbuchartikel kommt es sowohl auf prägnante Kürze als auch auf Verständlichkeit an. Man soll auf Anhieb erfassen, was in umständlichen und ausschweifenden Debatten erörtert wird. In diesem Wettstreit von Verständlichkeit und Knappheit gerät die Verstehbarkeit nahezu zwangsläufig in die Verliererzone. Der riskante Versuch, eine Ultrakurzfassung der anthropologischen Bedeutung des Begriffs „Gottebenbildlichkeit" zu formulieren, scheitert an dem Ehrgeiz, etwas zusammenfassen zu wollen, das nur in der Explikation des Gedankens „imago dei" erfasst werden kann. Nach einem Rückblick auf deren scholastische und reformatorische Deutung mit jeweils unterschiedlichen Akzenten und Anliegen heißt es abschließend im Stil einer Quersumme:

„Gegen Versuche der menschlichen Selbstvervollkommnung wird das Angewiesensein des Menschen auf die Gnade Gottes zur Verwirklichung seiner Gottebenbildlichkeit festgehalten; gegen Übertreibungen der Macht der Sünde auf der unverlierbaren Ansprechbarkeit des Menschen für die Gnade insistiert. Der Begriff des Bildes verweist selbst auf ein relationales Verständnis von Gottebenbildlichkeit, das beide Anliegen aufnimmt: Sie ist dann nicht als statischer Zustand, sondern als Bestimmung der Gemeinschaft mit Gott verstanden, die dem Menschen als Sein und Sollen aufgegeben und dementsprechend (nur) in Freiheit zu realisieren ist. Es macht das Wesen des Menschseins aus, auf Gott und damit einen Grund und ein Ziel ausgerichtet zu sein, das seine bloße Natürlichkeit überschreitet. Der Mensch ist in seinem leiblich-geistigen Sein Offenbarung Gottes."[104]

Die Kategorie „imago dei" ist in der Tat theologisch und anthropologisch erst dann recht verstanden, wenn die Bezüge von Geschöpflichkeit und Freiheit, von Autonomie und Gnade, von Sein und Sollen, von Natur und Transzendenz stimmig erfasst werden. Aber diese Bezüge lassen sich viel plastischer bestimmen, wenn man nach Verben sucht, die den praktischen Vollzug dieser Bezüge vor Augen stellen. Anschaulichkeit und Knappheit der Darlegung geraten in einem theopoetischen Layout nicht in eine Zerreißprobe, wenn die unvermeidlichen Substantive (Wort – Bild – Wille) in aussagekräftigere Verben überführt werden.

*gottes ebenbild*

wir sind ein gedanke gottes
der selber denken kann

ein wort gottes
das für sich selber sprechen darf

ein abbild gottes
das sich selbst zu malen vermag

ein wille gottes
der selber wollen will

eine leidenschaft gottes
die selber leiden muss

ein liebling gottes
der selbst zu lieben liebt

(Andreas Knapp)[105]

In nicht mehr als zwölf Zeilen kann von A. Knapp über die Gottebenbildlichkeit des Menschen alles gesagt werden, was theologisch und anthropologisch erwähnens- und erwägenswert ist. Hier wird nicht essentialistisch oder metaphysisch traktiert, was das Wesen der Gottebenbildlichkeit ausmacht. Stattdessen übernehmen Tätigkeitswörter (denken – sprechen – wollen – leiden – lieben) die Aufgabe, aus den üblichen Nominalbestimmungen der Gottebenbildlichkeit jene Vollzugsweisen eines Daseins ableiten, das vor Gott und in Entsprechung zu den Vollzugsweisen göttlichen Seins gelebt werden will.

Anschauliche Ultrakurzfassungen theologischer Topoi müssen aber nicht das Privileg der Theopoetik bleiben. Gelegentlich gelingt es auch theologischen Texten, in wenigen Zeilen auf's Ganze zu gehen. Der Schweizer Theologe Hans Urs v. Balthasar (1905–1988) hat mehr als 90 Bücher und 500 Aufsätze verfasst. Seine Beiträge zur Systematischen Theologie finden sich in drei Trilogien (Ästhetik – Dramatik – Logik), deren Lektüre nicht nur angesichts des Umfangs, sondern auch wegen seines bisweilen manieristischen Stils ebenso zeitaufwendig wie mühselig ist.[106] Dennoch ist es ihm gelungen, die Essenz seiner Reflexionen zur Eschatologie in wenige Worte zu fassen. Himmel, Hölle und Fegefeuer sind keine topographischen Bestimmungen des Jenseits. Vielmehr geht es dabei um die Beziehung des Menschen zu Gott und was sie letztlich ausmacht:

Er ist als Gewonnener Himmel,
als Verlorener Hölle,
als Prüfender Gericht,
als Reinigender Fegefeuer. [107]

Zwar kann es ein solcher theologischer Text hinsichtlich seiner Kürze mit einem theopoetischen Text aufnehmen. Allerdings wird es dem Dogmatiker kaum gelingen, seinen Text mit jener Würze zu versehen, die ein Poet seinen Texten mitgeben kann. Der Dogmatik fehlt es an Humor. Ihr Patron ist der heilige Ernst. Er sorgt dafür, dass es in Glaubensdingen seriös, geordnet und berechenbar zugeht. Entsprechend voraussehbar und überraschungsfrei sind dogmatische Publikationen – vor allem dann, wenn es um die „letzten Dinge" geht. Dass man dieses Thema auch in einer ganz anderen Tonart und Tonlage angehen kann, hat der Frankfurter Dichterpfarrer Lothar Zenetti (1926–2019) bewiesen:

*Am Ende die Rechnung*

Einmal wird uns gewiss
die Rechnung präsentiert
für den Sonnenschein
und das Rauschen der Blätter,
die sanften Maiglöckchen
und die dunklen Tannen,
für den Schnee und den Wind,
den Vogelflug und das Gras
und die Schmetterlinge,
(...)

Einmal wird es Zeit,
dass wir aufbrechen und
bezahlen;
bitte die Rechnung.
Doch wir haben sie
ohne den Wirt gemacht:
Ich habe euch eingeladen,
sagt der und lacht,
so weit die Erde reicht:
Es war mir ein Vergnügen![108]

Zenetti greift eingangs ein Motiv auf, mit dem beim Thema „Endgericht" fest zu rechnen ist: Es wird abgerechnet. Eine Rechnung wird serviert. Der Mensch muss überlegen, was er seinem Schöpfer schuldig ist. Es wird sich um einen Betrag in erheblicher Höhe handeln, wenn man die einzelnen Positionen addiert, die im Laufe eines Menschenlebens auf der Soll-Seite seines Kontos gebucht wurden. Dennoch kommt es am Ende anders als erwartet. Für das Leben in Gottes Schöpfung muss der Mensch nicht aufkommen. Er ist Gottes Gast auf Erden. Anstelle moralischer Kostenvoranschläge und eschatologischer Zahlungsaufforderungen macht Zenetti eine theopoetische Gegenrechnung auf – mit einer besonderen Nebenwirkung. Seinen Text kann man nicht lesen, ohne dass sich beim Lesen ein erlösendes Lächeln einstellt. Ein dogmatischer Text über die „letzten Dinge" wird das niemals schaffen.

Theologischen und theopoetischen Texten ist gemeinsam, dass sie eine spezifische Form der Gedankenübertragung leisten. Aber nur poetischen Texten gelingt es, zugleich eine Sphäre zu schaffen, in der sich Stimmungen und Gefühle mitteilen lassen. Von Rainer Kunze stammt ein abgründiges Liebesgedicht, das die schmerzliche Trennung durch den Tod anspricht:

*Bittgedanke, dir zu Füßen*

Stirb früher als ich, um ein weniges
Früher

Damit nicht du
den weg zum haus
allein zurückgehen mußt[109]

Die erste Zeile lässt nicht auf ein Liebesgedicht schließen.
Hier wird ein Wunsch artikuliert, der wie eine Verwün-
schung klingt: „Stirb früher als ich!" Erst im Nachsatz wird
klar, dass der Überlebende nicht einen Vorteil für sich
sucht, sondern dem Anderen das Unglück der Einsamkeit
und Verlassenheit ersparen will. Dem geliebten Menschen
den früheren Tod zu wünschen, entspringt also nicht einem
zynischen Egoismus, sondern ist ein letzter Liebeserweis.
Wen lässt ein solcher Text nicht in melancholischer Nachdenklichkeit zurück?

## Text und Texter:
## Vom Lesen zum Schreiben

Wenn für die Beschäftigung mit theopoetischen Texten ge-
worben wird, wird ein Zugewinn an theologischer Denk-,
Schreib- und Redekompetenz versprochen. Aber daraus
folgt nicht die Aufforderung, dass nun Theolog/inn/en anfangen sollen ihre theopoetischen Vorbilder zu imitieren.
Ein rechtes Vorbild lädt nicht zur Nachahmung, sondern
zum Nacheifern ein. Wer einen Meister seines Faches lediglich imitiert, kommt allenfalls an die „Machart" seines Werkes heran und bringt kaum etwas Originelles zustande. Sein

Produkt sieht dem Original enttäuschend ähnlich und bleibt ein „Machwerk".

*Schwacher Trost*

Kopien haben den Vorteil,
dass in ihnen das Original zum Vorschein kommt

Es ist ein Exzellenzmerkmal theologischer Stilbildner, dass sie über etwas Unnachahmliches verfügen, an dem sie zu identifizieren sind. An diese Exzellenz reichen Plagiate und Imitate nicht heran. Aber zugleich geht von ihr eine Ermutigung aus: „Das kannst Du auch – auf Deine Weise!" Die Könner ihres Faches haben meist nichts dagegen einzuwenden, dass man sich von ihnen abschaut, wie man es hinkriegt, etwas mit eigenen Worten zu sagen – sofern man etwas Eigenes und Neues zu sagen hat.[110]

Stilfragen sind nichts Nebensächliches – auch in der Theologie nicht. Wer sich einem bestimmten Ansatz verpflichtet sieht und sich in der Tradition transzendentalen, existenzialen oder politischen Denkens verortet, wer Postcolonial oder Gender Studies betreibt, folgt nicht nur einer spezifischen Methode und gebraucht nicht nur eine besondere Terminologie, so dass daraus ein eigentümlicher Stil entsteht.[111] Die dabei publizierten Texte werfen auch die Frage auf, ob der jeweilige Denkstil stilvoll gepflegt wird. Im Rahmen des jeweiligen Ansatzes alles methodisch richtig zu machen, genügt also nicht. Ein Könner seines Faches muss seine Aufgaben auch richtig gut erledigen – also mit Stil. Dabei bezieht sich das Kompliment „stilvoll" vor allem auf die Art und Weise, wie ein Ergebnis erzielt und präsentiert wurde. Auch hierbei soll es gekonnt zugehen.

Mit etwas Glück wird beim Betrachten der Ausführung einer Aufgabe bereits klar, wie weit jemand mit der Art und

Weise ihrer Bewältigung kommt. Dieses Glück hat man gelegentlich in der Theologie, aber häufiger im Sport. Anhand der Haltung eines Skispringers in der Flugphase – parallele Skiführung oder V-Stil – lässt sich bereits ermessen, wie weit er es bestenfalls bringen wird. In vielen Sportarten können mittels Stilveränderungen auch Fortschritte und Leistungssteigerungen rekonstruiert werden. Besonders markant sind die Unterschiede im Hochsprung, nachdem der „Straddle" vom „Flop" abgelöst wurde. Beim direkten Vergleich schneidet in der Regel der jüngere Stil besser ab. Den olympischen Komparativ „schneller, höher, weiter" hat er auf seiner Seite.

Vielleicht lässt sich das Verhältnis unterschiedlicher Ansätze und Paradigmen der Theologie in Analogie setzen zu diesen Stilkonkurrenzen. Dann könnte man darüber streiten, mit welchem Auftritt die Theologie das beste Ergebnis erzielt und dabei den besten Eindruck macht, welcher Stil überholt ist und welchem die Zukunft gehört. Oder man könnte mit einem Seitenblick auf Wettbewerbe im Kugelstoßen konstatieren, dass hier zwar zwei Stilarten gleichzeitig praktiziert werden – Wechselschritt- und Drehstoßtechnik. Allerdings ist noch offen, welcher Stil sich durchsetzt. Einstweilen liegen die erzielten Weiten nahezu gleichauf. In jedem Fall ist klar, dass es im Sport wie in der Theologie Innovation nicht ohne Tradition gibt, d.h. jeder neue Stil setzt sich zwar vom vorherigen ab, muss sich aber auch in Beziehung setzen zu jenem Fortschritt, den sein Vorgänger einst markierte.[112] Was für einen Vergleich verschiedener Ansätze und Stile innerhalb der Systematischen Theologie zu beachten ist, gilt analog auch für das Verhältnis von Theologie und Theopoetik. Auch hier kann der Wechsel von der Theologie zur Theopoesie zu Leistungssteigerungen bei der Erschließung von Einsichten führen.

Die Wahrheit mag den Ausschlag geben.
Aber nur der Stil rettet.

(Nicolas Gómez Dávila)[113]

Wie man überhaupt einen theopoetischen Text hinkriegt,
kann sich ein Anfänger von Fortgeschrittenen zeigen lassen.
Ob man ihn gekonnt hinbekommt, zeigt sich jedoch selten
auf Anhieb. Meist ist ausdauerndes Üben verlangt. Man übt
ein, wie man einen Text so gut hinbekommt, dass er genre-
typische Standards erfüllt. Stil ist dann jenes Distinktions-
merkmal von Autor/inn/en, die nach solchen Exerzitien allesamt ihr Texthandwerk beherrschen, aber der Ausübung
dieses Handwerks eine individuelle Prägung („Hand-
schrift") geben. Diese Prägung kann zum einen Ausdruck
der persönlichen Einstellung zum Thema sein und sich in
einer Bandbreite von ironischer Halbdistanz bis zu (un)ver-
hohlener Empathie zeigen. Zum anderen kann sich der individuelle Stil eines Autors neben der virtuosen Hand-
habung auch in der ebenso virtuosen Modifikation von
genretypischen Schreibmustern zeigen – bis hin zu bewuss-
ten Stilbrüchen, die zum Erkennungszeichen des eigenen
Stils werden.[114]

Stil fängt an,
wo Begabung aufhört

Wer zu einem eigenen Schreibstil finden will, muss allerdings mit dem Lesen beginnen. Dem Neuen Testament ist
zu entnehmen, dass Jesus von Nazareth nur auf Sand geschrieben (Joh 8,6) und somit selbst nichts Schriftliches
hinterlassen hat. Umso eindringlicher verweist er auf das,
was geschrieben steht: „Habt ihr (es) nicht gelesen?" (Mt
12,3.5; Mt 19,4; Mt 21,16.41; Mt 22,31). Die gründliche

Lektüre von Texten anderer Autoren erspart unnütze Wiederholungen und vergebliche eigene Schreibversuche. Anders gesagt: Würden mehr gute Bücher gelesen, müssten weniger schlechte Bücher geschrieben werden. Stilvoll theologische oder theopoetisch gehaltvolle Texte zu schreiben, setzt eine Lesearbeit voraus, die ebenso auf den Gehalt wie auf die Form des bereits (von anderen) Geschriebenen achtet. Ist man selbst weder ein guter Poet noch ein gelehrter Theologe, studiert man am besten die Texte jener Autoren, die beides waren.[115]

Und wenn eigene Schreibversuche misslingen? Wenn es partout nicht möglich ist, religiöse Worthüllen wieder mit Inhalten zu füllen? Wenn man sich fragt: „Kann aus Perlen nicht doch nur Schweinefutter werden?"[116] Nimmt in diesen Fällen der Glaube an Gott nicht einen größeren Schaden, weil er zum verlegenen Schweigen verurteilt? Oder darf dann dieser Glaube durchaus eine Leerstelle in der Sprache haben? Vielleicht ist in dieser Situation ein theopoetischer Ratschlag hilfreich: „Du musst deinen Glauben leer halten, frei von festgefügten Bildern, Begriffen, von deutenden Umschreibungen. Unbrauchbar, zu nichts zu verwenden. Er muss leer sein, nur so bleibt alles offen, nur so kann der Gott einströmen. Diese Leere verlangt alle Intensität des Betens und Denkens, der Geistesgegenwart, alle Wachsamkeit, alles Verantwortungsgefühl. Sie ist die letzte Verankerung für deinen Glauben."[117]

# III. Kurz und gut:
## Merksätze über Gott und die Welt

Jeder Autor ist auf gute Einfälle angewiesen. Aber nicht jeder Einfall ist eine gute Idee. Und nur selten taugt eine gute Idee für ein ganzes Buch. Meist reicht es nur für einen Artikel in einer Zeitschrift oder in einem Sammelband. Und nur zu oft langt es auch dafür nicht. Solche Einfälle landen einstweilen auf einem Notizblock und warten dort auf ihre Spruchreife oder auf inhaltlichen Zuwachs und literarischen Nachwuchs.

Gelegentlich genügt aber auch ein guter Einfall im Singular – und zwar dann, wenn er als Anspielung oder Einspieler eines Gedankens so daherkommt, dass man nicht viele weitere Worte machen muss. Für diesen Fall bieten sich kleine literarische Formen an (Aphorismen, Sprichworte, Merkverse). Vielleicht eignen sie sich sogar besonders gut für ein Publikum, das für lange Texte keine Zeit und mit kurzen Texten keine Mühe hat.

Allerdings sollte man sich vor kurzschlüssigen Thesen über das Verhältnis von Quantität und Qualität hüten. Ein guter langer Text mag mit der Zeit seine Leser erschöpfen, aber ein schlechter Kurztext wird sie noch rascher ermüden. Die Kürze allein macht noch keinen Sinnspruch. Oft bildet sie das Indiz dafür, dass der Autor nur zur Erkenntnis und Formulierung einer Halbwahrheit gelangt ist, die auf der Suche nach ihrer fehlenden Hälfte ist.[118] Dies erklärt auch die Mehrdeutigkeit der halben Wahrheit und ihr Risiko, falsch verstanden zu werden.

Es gilt als eine besondere poetisch-denkerische Leistung, eine Einsicht in die Form eines Aphorismus zu bringen.[119] Seine lapidare Kürze und lakonische Schärfe ist aber ebenfalls auf Leser und Leserinnen angewiesen, welche die angedeutete Wahrheit zu vervollständigen vermögen. Außerdem müssen sie einen Sinn für ironische Spitzen und polemische Pointen haben. Und nicht zuletzt ist von ihnen eine Kenntnis der Lebensrealität verlangt, auf die ein Aphorismus zielt. Sie müssen die Situation vor Augen haben, aus der er seine Wahrheit bezieht.

Um eine Resonanz zu finden, muss ein Aphorismus oder ein Sinnspruch eigene Erfahrungen seines Lesepublikums ansprechen. Von dieser Wahrheit geht jedoch oft ein Schibboleth aus. Die eine Publikumshälfte sieht sich bestätigt, die andere Hälfte reagiert beleidigt oder empört sich. Das unterscheidet den Aphorismus auch von einer Binsenwahrheit. Ihr stimmt man achselzuckend zu. Eine gleichgültige Reaktion erlaubt der Aphorismus nicht. Seine Wahrheit will niemanden kaltlassen. Seine Treffsicherheit bemisst sich auch nach der Emotionalität der Reaktion – und sei es aggressive Ablehnung. Gleichwohl distanziert er sich auch davon, dass sein Anliegen zur Gefühlssache erklärt wird. Dass er ein rhetorischer „Kopfstoß" ist, wird seinem Format eher gerecht. Sich mit Aphorismen zu beschäftigen bedeutet Kopfarbeit zu verrichten – und sich auch unbehaglichen Einsichten zu stellen. Denn sie enthalten schmerzhafte Sticheleien der Vernunft und sind gepaart mit einem bissigen Humor. Der Aphorismus entstammt einer gereizten Stellungnahme seines Autors zum Erlebten und reizt zu unwirschen Stellungnahmen zu dieser Stellungnahme.

Die folgenden Aphorismen, Sentenzen und Sinnsprüche, Notizen, Glossen und Merksätze[120] über Gott und die Welt bilden ein Ensemble von Einsichten, die unmittelbar keinen systematischen Zusammenhang ergeben. Dieses Merkmal verbindet sie mit der bedeutendsten theologischen

Sammlung „halbfertiger" Texte, die von Blaise Pascal (1623–1662) angelegt wurde. Pascal plante eine weitausgreifende Apologie des Christentums und notierte dafür zahlreiche Skizzen und Entwürfe, die bis zu seinem Tod auf 800–900 Textfragmente anwuchsen. Mehrfach wurde versucht, für ihre posthume Edition eine plausible Gliederung zu finden. Vollends zu überzeugen vermochte allerdings bisher kein Systematisierungsvorschlag.[121] Von Pascals „Pensées" und anderen zeitgenössischen Versuchen, auf große Glaubensfragen mit einprägsamen Texten zu antworten oder dem Genre „Katechismus" eine neue Darstellungs- und Sprachform zu geben,[122] unterscheidet sich die folgende Sammlung nicht allein durch ihre Orientierung am Ideal der literarischen Sparsamkeit. Wichtiger als der quantitative Unterschied ist die gänzlich anders gelagerte Intention und Genese. Weder wurden die einzelnen Texte als Vorarbeiten zu einem größeren Werk geschrieben noch sind sie mit der Absicht zusammengetragen worden, am Ende zu einem stimmigen Ganzen redigiert zu werden. Sie stellen eher – um einen Begriff aus der Modebranche zu adoptieren – eine „Kollektion" dar, d. h. eine Zusammenstellung von Musterstücken. Es handelt sich um Einzelteile, um Proben neuer Stoff- und Schnittmuster. Präsentiert werden sie als Entwürfe von Prototypen eines theologischen Stilwechsels.[123]

Dieser Wechsel bezieht sich auf die Erwartung an die Theologie, möglichst rasch zur Sache zu kommen und eine möglichst prägnante Sprache zu verwenden. Hinter der Suche nach einer literarischen Form, die ein möglichst kleines, aber inhaltsreiches Format verwendet, steht die bereits einleitend formulierte These, dass nur der Rede wert ist, was sich kurz und knapp formulieren lässt. Daran orientieren sich auch die „Teaser", d. h. kurze „Voraustexte", mit denen Journalisten im Internet zur Lektüre ihrer Online-

Angebote verlocken wollen. Meist sind sie nur 150–250 Zeichen lang und verlangen lediglich 10–15 Sekunden Lesezeit. Die dazu passende Grundregel lautet, keinen Satz „länger zu machen, als beim lauten Lesen der Atem reichen würde.“[124] Die folgenden Seiten halten sich an diese Regel. Sie bieten literarische Kurzauftritte von Einfällen, die sich ursprünglich an einem theologischen Schreibtisch ergaben und nun auf den Laufsteg vor eine kritische Jury mit knappem Zeitbudget geschickt werden.

Inspiriert ist der Stil dieser Notizen von Elazar Benyoëtz, an dessen Texten sich jeder zeitgenössische Aphoristiker messen lassen muss. Benyoëtz wurde 1937 in Wiener Neustadt geboren und konnte 1939 vor dem Nazi-Regime mit seinen Eltern ins damalige Palästina fliehen. 1969 veröffentlichte er seinen ersten, teilweise noch aus hebräischen Tagebuchnotizen ins Deutsche übersetzten Aphorismenband und publiziert seitdem fast ausschließlich in deutscher Sprache eine „minimalistische“ Prosa und Lyrik, deren Themen sich aus seiner hebräisch-deutschen Doppelsprachigkeit und deren politisch-existenzieller Dramatik ergeben („Rom wie Jerusalem sind nur noch über Auschwitz zu erreichen.“). Diese Doppelcodierung ist auch ein Merkmal seiner an religiösen Assoziationen reichen, sprachlich aber maximal reduzierten Aphorismen („Ein-Sätze“).[125]

Wer an und mit Aphorismen arbeitet, geht auf größtmögliche Distanz zu weit ausholende Formulierungen. Typisch für Aphorismen sind der direkte Zugriff und eine scharfe Diktion, die als Polemik empfunden werden kann. Zwar mildern wortspielerische Einfälle diese Schärfe ab. Aber sie können nicht verhindern, dass manche Leser auf diese Beispiele rhetorischer Streitlust ablehnend reagieren: „Was fällt Ihnen ein?“ Andere werden hinter den Wortspielen einen theologischen Sprücheklopfer vermuten. Dieser Verdacht ist nicht völlig unbegründet. In der Tat geht es um Einsprüche und Widerworte, die auf ihren Hintersinn abgeklopft werden wollen.

Befreit von Systemzwängen ist diese Kollektion theologischer Merksätze dennoch kein beliebiges Sammelsurium. Damit die Summe dieser Werkstücke nicht als Stückwerk erscheint, steht hinter der Anordnung der einzelnen Texte der Versuch, einige thematische „Cluster" zu bilden, die sich an folgenden Kategorien orientieren: Gott – Glaube – Sprache – Moral – Kirche – Theologie. Diesen Clustern sind Stenogramme zugeordnet, die, bis auf Satz und Einzelwort verknappt, auf einen Zusammenhang verweisen, aus dem sie scheinbar gerissen wurden. Aber dieser Schein trügt. Tatsächlich stammen sie aus einem Kontext, dem sie einen Sinn entrissen haben. Daher sprechen sie einerseits für sich und zugleich aus einem Kontext, auf den sie beim Lesen anspielen.

Diese Stenogramme meiden Kautelen, Absicherungen und Bescheidenheitsfloskeln. Sie präsentieren eine subjektive Äußerung als allgemeingültige Aussage. Das „Ich" des Autors steckt in der Äußerung und muss ihr nicht vorangestellt („Wenn ich es richtig sehe, dann ...") oder nachgetragen werden („..., wie ich überzeugt bin."). Dieses „Ich" sucht nach Abkürzungen zwischen den Erkenntniswegen, die die Vernunft angelegt hat, und späht nach Warnschildern für die Abwege, auf die der Glaube gerät. Seine Texte fassen mit wenigen Worten die Essenz von Überlegungen zusammen, für die Denk- und Schreibexperten sonst viel Zeit und Raum beanspruchen. Sie machen keine Abstriche oder Kompromisse, wenn es um kritische, skeptische oder provokative Einsichten geht. Andernfalls würde ihnen die Spitze genommen, mit der man die Ballons religiöser Aufgeblasenheit zum Platzen bringen kann.

Den Anfang dieser Schriftstücke machen einige unkonventionelle Definitionsversuche religiöser Begriffe und

Praktiken, gefolgt von einer Auflistung sinnherstellender theologischer Schreibfehler und einigen Ultrakurzporträts biblischer Gestalten. Der Minimalismus dieser Porträts ergibt sich aus dem Versuch, aus einem biographischen Detail und einer Momentaufnahme einen Charakterzug der jeweiligen Person zu erheben. Mit einer deutlich größeren Zahl von Silben und Worten sind die anschließenden Merksätze ausgestattet. Damit wird eine größere Variationsbreite von Bedeutungen angestrebt. Gelegentlich steht am Schluss aber auch ein Fragezeichen, um vor fragwürdigen Deutungen qua Vereindeutigungen zu warnen.

*Lob der Vielfalt*

Wer doppeldeutig redet,
riskiert den Vorwurf,
hier scheue jemand die Festlegung,
wolle sich unangreifbar machen
und halte sich eine Hintertür offen.

Manchmal geht es aber nicht anders –
etwa dann,
wenn man etwas doppelt deutlich machen will.

Denn:
Was nicht doppeldeutig ist,
gilt nur für die Hälfte der Leserschaft

In die folgenden Merksätze haben sich auch einige Kalauer eingeschlichen. Sie sollen verhindern, dass die Säure der Moralistik einen intellektuellen Reflux auslöst.[126] In der Mehrzahl bestehen diese Kurztexte jedoch aus Aphorismen. In ihnen stecken halbe Wahrheiten, mit denen ein Autor aufs Ganze geht. Dabei beansprucht er die bessere Hälfte für sich. Das Motiv des Komparativs begegnet darum auch in den Überschriften der einzelnen Cluster, wobei sich der Aphoristiker einige grammatisch-stilistische Freiheiten nimmt: Gott und Götter, Glaube und Gläubiger, Sprachspiel und Sprachspieler. Angekündigt werden damit maßvolle Übertreibungen im Dienst der Wahrheitsfindung.

Natürlich entsteht aus diesen Scherenschnipseln und Hobelspänen theologischen Denkens weder eine systematische Theologie noch ein theologisches System. Mit Aphorismen ist dies auch gar nicht möglich. Sie sind systemsprengend – vergleichbar einem Prisma, das in der Lage ist, Licht wellenlängenabhängig zu brechen oder zu streuen.

„Ein Aphorismus kann nicht
auf Biegen oder Brechen stimmen,
er muss biegen und brechen"

(Elazar Benyoëtz)[127]

Ein Gesamteindruck dieser Merksätze ergibt sich erst, wenn man sie mit einigem Abstand betrachtet – wie bei einem im Stil des Pointilismus gemalten Bild. Die Aufforderung „Jetzt mach aber mal einen Punkt!" wird hier beim Wort genommen – und dies mehrfach. Punkt für Punkt. Zwischen den Punkten bleiben Leerräume. Manche Buchseite hat ziemlich wenig Druckerschwärze abbekommen. Die Fläche des Nichtbeschriebenen ist bisweilen verschwenderisch groß. Es sind Aussparungen für Einsichten, die sich erst beim Lesen einstellen. Zur Systematik theologischen Denkens gehört die Ergänzung des *in* einem Text Gesagten durch das *mit* einem Text Gesagte. Und dies steht nicht auf einem anderen, sondern auf keinem Blatt eines Buches.

## Definitionen: Umstandsbestimmungen

Definitionen ziehen Grenzen, Grenzziehungen dienen der Identifizierung und Identitätswahrung. Sie folgen der Logik des Um-, Ein- und Ausgrenzens. Wer ein Phänomen oder einen Begriff präzise bestimmen will, muss folglich Abgrenzungen vornehmen. Aber es geht auch anders. Manchmal genügt es, ein Wort in seine Einzelteile zu zerlegen und diese neu zusammenzusetzen. Oder man blickt auf die Begleitumstände des Wortgebrauchs. Manches klärt sich dabei von selbst.

Das Unscheinbare – bar jeglichen Scheins

Aschenkreuz – Gott die Stirn bieten

Moralpredigten – Selbstgespräche der Doppelmoral

Mystik – Sprachleere des Glaubens

Sünde – selbstsüchtige Selbstlosigkeit

Taufschein – an der Börse nicht gehandeltes Wertpapier

Stuhl Petri – Hochsitz für Stellvertreter

Evolution – Gottes Werdegang

Würde – Konjunktiv des Menschseins

Pfingstkirchen – Betreiber von Windkraftanlagen

Totenschein – Kündigung der Lebensversicherung

Tradition – Festhalten am Festhalten

Mystik – Trampolin der Transzendenz

92

Glaubensabfall – Mülltrennung

Kirchensteuer – Jammertaler

Militärseelsorge – Truppentherapie

## Tippfehler: SinnHergebend

Bei der Erstellung von Texten kommen nahezu unweiger-
lich Schreibfehler vor. Deren Häufigkeit haben die Funktio-
nen „Autokorrektur" oder die „automatische Ergänzung"
einer Textverarbeitungssoftware zwar verringern können.
Dadurch ist es gelungen, sinnentstellende Irrtümer zu vermeiden. Aber zugleich sinkt die Rate der sinnherstellenden
Fehler. Manchmal muss nur ein Buchstabe fehlen, damit
sich ein neuer Sinn ergibt, auf den eine Fehlervermeidungs-
technik nie kommen würde. Aus Fehlern kann man tatsächlich klüger werden. Diesen Effekt haben nicht nur Versehen,
die unbeabsichtigt unterlaufen. Ein sinnherstellender Fehler
kann auch absichtlich herbeigeführt werden. Zuweilen genügt es, nur einen Buchstaben austauschen oder wegzu-
lassen, um einen Erkenntniszuwachs zu erzielen. Manchmal
muss man sich einen Doppelfehler leisten, um eine Einsicht
doppelt einsichtig zu machen.

Sinnflation

Authentizitat

Hoffnarr

Hochhürden

Glaubenspächter

der Schein rügt

Einichtung

Lebenerwerb

orthotox

Allnacht

Duckfehler

tauffrisch

Einfallspinsel

Ohrenbarung

Offenbahrung

leidhaftig

Exorzitien

Religionsleerer

eigenstimmig

Wollendung

Hochduckeiniger

Versengeld

Wutprobe

Sinnthese

Fluchpunkt

Dankstelle

## Biblische Gestalten:
## Momentaufnahmen

In modernen Gesellschaften mit einer ausgedehnten Bürokratie gibt es zahlreiche Anlässe für den Einsatz von Formularen, in denen Angaben zur Identität einer Person verlangt werden. Vor- und Nachname genügen hier nicht zur Identifikation einer Person. Die Auskunftspflicht erstreckt sich je nach Anlass vom Geburtsdatum über die Wohnanschrift bis zur Steuernummer. In unsicheren Zeiten nehmen Ausmaß und Anzahl solcher Daten- und Personenkontrollen rasant zu. Die Kontrollierten müssen einen Ausweis vorzeigen, der die Überprüfung der Übereinstimmung von Name und Namensträger erlaubt. Nicht umsonst heißt dieses Dokument „identity card". Darauf muss sich das Bild einer Person befinden, das zeigt, wie sie bei rechtem Lichte betrachtet aussieht. Einen Menschen identifizieren heißt: Übereinstimmungen feststellen mit jenem Bild, das er in einem Ausweis von sich abgibt, nachdem unter standardisierten Bedingungen ein Foto von ihm gemacht wurde. Man kann einen Menschen aber auch anhand des Eindrucks, den er einmal bei seinen Mitmenschen hinterlassen hat, wiedererkennen. Er hat sich in das Gedächtnis eingeprägt durch einen besonderen Auftritt, eine typische Geste, einen biographischen Zwischenfall. Es sind Momentaufnahmen, die den flüchtigen Moment ihrer Aufnahme überdauern.

*Kain und Abel*

verarbeiten einen paradiesischen Migrationshintergrund

*Noah*

avanciert zu Gottes Archetyp

*David*

gerät ins Schleudern

*Herodes*

sieht seine Zukunft in den Sternen

*Lazarus*

hat sich in einem Leben zweimal den Tod geholt

*Petrus*

verspricht und versagt

*Judas*

verstrickt sich

*Pontius Pilatus*

kreuzt nur kurz in der Weltgeschichte auf

*Maria von Magdala*

begreift ins Leere

*Paulus*

stürzt vom hohen Roß

## Komparative Theologie

Theologische Merksätze stellen sprachliche Konzentrate dar. Im Vergleich zu anderen religiösen Sprachformen unternehmen sie Steigerungsversuche der nachdenklichen Verdichtung von Eindrücken und Einsichten. Zugleich folgen sie der Logik der Zuspitzung und Verschärfung, des Überbietens und Übertrumpfens. Warnschilder, die auf die Gefahr der Übertreibung hinweisen, werden bewusst ignoriert. Dass ein Merksatz über ein Ziel hinausschießt, belegt nur, dass er ein anderes Ziel im Auge hat.

## Komparativ I:
## Gott und Götter

*Geschäftsmodell*

Der Atheismus lebt
sowohl
von der Behauptung
als auch
von der Bestreitung
Gottes.

*Fehlanzeige*

Wie willst Du Gott finden,
wenn er bei Dir nichts verloren hat?

Wie soll Dich Gott finden,
wenn er bei Dir nichts zu suchen hat?

## Vorschlag

Gott ist Luft für Dich?
Dann atme tief ein.

## speed dating

Stell Dir vor,
~~Gott stellt sich vor,~~
Gott stellt sich vor Dich.

## Geständnis

Ich weiß,
was ich an ihm habe, obwohl
er weiß,
woran es mir fehlt.

## Gottes Geben

Wo es etwas gibt,
gibt es auch das Geben.

Das Geben aber ist kein
Etwas, das es gibt.

Das Geben ist auch
keine Gegebenheit,
sondern ein Gegebenwerden.

Dass es mich gibt,
ist mir gegeben
von Gott,
den es nicht ,gibt,'
aber ohne den es nichts gibt.

## Rückfrage

Um der Opfer willen
wird die Existenz eines Gottes
gefordert,
der ihnen in seiner Allmacht
Gerechtigkeit und Zukunft
sichert.

Wendet sich diese Forderung
an einen Gott,
dessen Allmacht
Tod und Unrecht
hätte verhindern können?

## free will defense

Ein Gott,
der seine Geschöpfe liebt,
erspart ihnen nicht
das aus ihrem eigenen Wollen und Tun
entstehende Leid.

Um ihrer Freiheit willen
greift Gott nicht ein.
Der Allmächtige verharrt
in frei gewählter eigener Ohnmacht.

Gott tut es sich an,
seine Liebe zur Schöpfung
und das Leiden seiner Geschöpfe
in frei gewählter Ohnmacht
auszuhalten?

Ein Mensch, der es sich antut,
Liebe und Leiden

100

in frei gewählter Ohnmacht
auszuhalten,
ist ein Masochist.

Ein Mensch,
der sich ausdenkt,
was Gott sich antut,
ist nicht ganz bei Trost.

*Theodizee*

Ein Kredit wird fällig
Ein Konto wird überzogen
Die Insolvenz wird verschleppt

*Falsches Komma?*

Gnade dir, Gott!

Hör auf, Gott!

*Kleinanzeige*

Gott ist tot!
Wer übernimmt die Grabpflege?

*Reflex*

Sich tot zu stellen, ist eine Überlebensstrategie –
auch für Gott?

### Gottsucher

Viele haben sich auf den Weg zu Gott gemacht.
Die meisten sind auf der Strecke geblieben.

### Unterscheidungen

Nicht ob es Gott gibt,
ist die Frage,
sondern:

Was verhindert,
die falschen Götter zu verehren?

### Beinahe ein Gottesbeweis

Der Durst beweist nicht die Quelle –
aber immerhin ihre Abwesenheit.

### Urheberrecht

Was Götter offenbaren,
haben Menschen entdeckt.

### Beredtes Schweigen

Einer redet *mit* Gott,
ohne dass er zu Wort kommt.

Viele reden *über* Gott,
weil er noch nie
zu ihnen sprach.

Alle, die *von* Gott reden wollen,
müssen sich zuerst
von ihm zum Schweigen
bringen lassen.

*Interpunktions-theo-logisch*

Der Mensch denkt, Gott lenkt.
Der Mensch, denkt Gott, lenkt.

## Komparativ II:
## Glaube und Gläubiger

*cor inquietum*

Unruhig ist unser Herz
auch ohne Schrittmacher.

*Horizontaltranszendenz*

Selbstüberwindung

*Mangelerscheinung*

Die Meinung,
man könne Lebenserfahrungen weitergeben,
belegt einen Mangel an Lebenserfahrung.

Die Überzeugung,
man könne Glaubenserfahrungen weitergeben,
~~belegt einen Mangel an Glaubenserfahrung~~
ist nicht aus Erfahrung gewonnen.

*Doppeleffekt*

Wer den Zweifel nährt,
gibt auch dem Glauben
neue Nahrung.

*Zweifel*

Etymologisch: was sich zweimal falten lässt.
Einfalt ist zweifelsfrei.
Zweifelsfreiheit – ein einfältiges Ideal

### Kettenreaktion

Der Zweifel nagt am Wissen,
der Glaube am Zweifel.

### Appell

Glauben nicht schenken,
sondern wie Zweifel hegen

### Unglaube

Ergebnis des Versuchs,
jemanden glauben zu machen

### Halt

Trägt Sie Ihr Glaube? – wurde ich gefragt.
Nein – murmelte ich –
ich habe schwer an ihm zu tragen.

### Dementi

Er trägt mich aus der Kurve,
aber er trägt mich.

### Adoptivkind

Der Glaube nimmt Vernunft an.

### Anonym

Manche Menschen sind Christen, ohne es zu wollen.

*Existenzfrage*

Gestern las ich, es sei die List des Teufels,
die Menschen glauben zu lassen,
es gäbe ihn nicht.

Kann es sich der Teufel aber wirklich leisten,
die Menschen im Glauben zu lassen,
es gäbe ihn nicht,

wenn doch seine Existenz
nur vom Glauben an seine Existenz abhängt?

*Didymos*

ungläubiger Thomas
leichtgläubiger Thomas

*Glaubenswächter*

überwachen den Glauben,
damit (mit) ihm nichts geschieht.

bewachen den Glauben,
damit er nicht ausbricht.

halten den Glauben wach,
damit er nicht einschläft.

*Tarnung*

Die größten Häresien kommen stets fromm daher.

*Religion*

als Raum des Erhabenen entworfen
zum Abraum des Überheblichen verkommen

106

### Bündnisse

Devotion
umgibt Throne.

Arroganz
umstellt Altäre.

### Revue der Religionskritiker

Freud malt sich aus, was Feuerbach sich einbildet.
Marx überbaut, was Nietzsche untergräbt.

### Mit leeren Händen

Vor Gott steht der Mensch mit leeren Händen.
Und das ist gut so.

Wie soll er sonst nach ihm greifen,
wenn er alle Hände voll hat?

Gott steht vor dem Menschen mit leeren Händen.
Und das ist gut so.

Wie soll er den ergreifen, der nach ihm greift,
wenn er alle Hände voll hat?

# Komparativ III:
# Sprachspiel und Sprachspieler

### anfangen & aufhören

Wenn das Denken mit dem Staunen beginnt,
muss irgendwann das Staunen aufhören.

### Groß- und kleinschreibung

die Kleinen fragen – die kleinen Fragen
die alten Fragen – die Alten fragen
die Großen antworten – mit großen Antworten?

### Aufklärung

Zeitalter der Hellhörigkeit

### Rücksicht

Manches sieht man zum ersten Mal,
wenn ein letzter Blick darauf fällt.

### Von hinten gedacht

Für jede Lösung gibt es ein Problem.

### tertium datur

vordenken
nachdenken
mitdenken

## Trost der Grammatik

„Es muss einfach sein." – welche Zumutung!
„Es musste einfach sein." – welche Erleichterung!

## Dialektik

Suche nach einer Wahrheit,
die sich in Sätzen findet,
welche einander widersprechen.

## Verlustanzeige

Wer weiß, was ihm fehlt,
kann es suchen.

Wer weiß, was er sucht,
kann es finden.

Wer nicht weiß, was ihm fehlt,
~~kann nicht finden, was er sucht,~~
ist auf verlorenem Posten.

## MundArt

Sprachkunst des flachen Landes

## Satz der Identität im Wartezimmer

Was hast Du? = Was fehlt Dir?

## Alias-Wort

übersetzen = verdeutschlichen
verschonen = nochnichten

*Reichweite*

Beim besten Willen
kommt man allein mit gutem Willen
nicht so weit,
wie man kommen will.

*Nebenerwerb*

Lerne eine Sprache
und Du erwirbst
ein Recht auf Mitsprache.

*Autonomie*

Fremdsprachen lerne ich von anderen,
auf eigene Gedanken muss ich von selbst kommen.

*Bagatellschaden*

Scherben bringen Glück in Scherben

*Irrläufer*

Es sollte unter die Haut,
ging aber ins Auge.

*Trost*

Unveräußerliche Wahrheiten
stecken vielleicht in den Sätzen,
die dir niemand abnimmt.

*Stell Dir vor*

Manche Leute sind so phantasielos,
dass sie auch davon
keine Vorstellung haben.

*Kleiner Schritt*

vom Unbegreiflichen zum Unsäglichen

*Hinterm Komma*

unglücklich, wer sein Glück nicht fassen kann

gespenstisch, wer von sich selbst begeistert ist

*Kein Unterschied*

Ob Sieg, ob Niederlage –
beides wird davongetragen.

*Alternativlos – oder doch nicht?*

Wer denkt,
nicht anders zu können,
hat nicht lange genug
nachgedacht.

*Sparbücher*

Würden mehr gute Bücher gelesen,
müssten weniger schlechte Bücher
geschrieben werden.

### Tiefsinn

Auf der Stelle zu treten
ist der erfolglose Versuch,
in die Tiefe zu gehen.

### Einsicht

Von Anderen zu lernen
heißt nicht,
aus ihnen klug zu werden.

### status confessionis

Ohne Punkt kein Stand

### Gedankenstrich

Denkpause im Rotlicht

### Absteiger

jemand, der über den Berg ist

### Sterben

Ein Mensch macht sich aus dem Staub,
aus dem er gemacht ist.

### Weltverbesserung

Optimisten verhindern das Schlimmste.
Pessimisten verhindern das Beste.

## Keine Überraschung

Es kam anders als gedacht.
Aber das hätte man sich auch denken können.

## Rechthaberei

Wer mit allem rechnet,
behält recht,
wenn die Rechnung nicht aufgeht.

## Dr. K. Lauers Anfragen beim Nationalen Ethikrat

Kalauer spielen mit Wörtern unterschiedlicher Bedeutung, aber gleichem Klang oder gleicher Schreibweise. Sie können dabei zwei semantisch voneinander unabhängige Wörter auf bloß akustischer Basis zusammenbringen und auf diese „verspielte" Weise eine witzige Pointe erzeugen. Man kann sich diesen Effekt auch bei der Definition eines Kalauers zunutze machen: „Kalauer sind die Buchstaben A bis J." – „Wieso?" – „Weil die alle auf das K lauern!". Allerdings sind Kalauer hinsichtlich ihrer Qualität auch umstritten und gelten vielen Kritikern als „Flachwitze". Häufig sind sie nur für den einmaligen Gebrauch geeignet. Kalauer nutzen sich rasch ab (Gesundheitstipp: „Führungskräfte sollten Leitungswasser trinken!"). Wem es um mehr als nur um sprachliche Gags geht, muss sie mit Ironie würzen, ihre Bestandteile einem gemeinsamen semantischen Feld entnehmen und ihre Kombination satirisch zuspitzen.

Darf man Worte brechen, nachdem sie lange genug gehalten haben?

Muss man vorurteilsfrei über Vorurteile sprechen?

Ist es möglich, im Gefängnis Freilandtomaten zu züchten?

Hat ein Humorist Anspruch auf Arbeitslosengeld, wenn er selbst nichts mehr zu lachen hat?

Lässt sich durch ein Alkoholverbot die Verbreitung von Schnapsideen verhindern?

Geht man angemesser. mit Zweifeln um, wenn man sie
für glaubwürdig hält?

Kann man einen Architekten in Regress nehmen, dem
ständig etwas einfällt?

# Moral: Tun und Lassen

Viele Merksätze treten im Gewand von moralischen Lehrsätzen auf. Sie geben Ratschläge klugen Verhaltens in den Wechselfällen des Lebens. Allerdings ist diese Ratgeberei ein ambivalentes Unternehmen. Hinter ungefragt erteilten Ratschlägen verbirgt sich oft die Attitüde moralischer Besserwisserei oder penetranter Rechthaberei. Diesem Verdacht ist nicht mit rhetorischen Demuts- oder Anbiederungsgesten zu entgehen. Besser ist es, gegen Arroganz und Anmaßung das Mittel der selbstironischen Herablassung einzusetzen.

### Vermutung

Wo nichts so gut ist, wie es scheint,
gibt es nur noch den Anschein des Guten.

### Verbesserung

Wer etwas Gutes schaffen will,
muss sein Bestes geben.

### Dos and Don'ts

Tust Du nichts,
tut sich nichts!

*Bilanz*

Es gäbe weniger
Übles,
würde es nicht
im Namen des Guten
getan.

*Übertreibung*

gut – besser – zu gut

*Unterlassungssünden*

Gutes tun wollen,
aber keine Gelegenheit auslassen,
eine gute Gelegenheit auszulassen

*Reihenfolge*

Wer glücklich sein will, sollte wunschlos werden.

*Ziemlich beste Freunde*

sind Menschen, deren Fehlen dazu führt,
dass man auf den Hund kommt.

*Habenichts*

Hätten sie keinen Humor,
wäre ihnen das Lachen nicht vergangen.

117

### Bescheidenheit

Wer etwas zu sagen hat,
verliert darüber kein Wort.

### Klare Besitzverhältnisse

„Es gehört sich nicht!"

### Asymmetrie

Der Mächtige macht etwas.
Der Ohnmächtige macht etwas mit.

### Napoleonisch

Eine Armee ausheben,
ein Massengrab schaufeln

### Trost

Keiner kann nichts.
Niemand kann alles.

### Lass es gut sein!

Benediktion oder Frustration?

### Doppelmoral

Zwilling der Unmoral

### Partnersuche via Tinder

Nächstbestenliebe

## Liebe

größtes Glück
größter Kummer

## Nicht zu fassen

Ein Mensch machte sich aus dem Staub,
den er aufgewirbelt hatte.

## Überhört

Ein Mensch hörte nicht auf sein Gewissen.
Es war noch im Stimmbruch.

## Verhört

Ein Mensch setzte sich Kopfhörer auf,
um eine innere Stimme zu hören.

## Doppelte Buchführung

Um sich zu erleichtern,
haben sie sich beschwert.

## Arbeitsteilung

Die einen erleiden einen Schaden.
Die anderen werden daraus klug.

## Mainstream

Wer immer gegen den Strom schwimmt,
übersieht das rettende Ufer.

*Mangelware*

Wo alles käuflich geworden ist,
wird nichts mehr in Kauf genommen.

*Verkalkuliert*

Viren?
Kleinigkeit!

*Naturgesetz*

Andauernd wiederholt sich,
dass die Geschichte sich nicht wiederholt.

*Konsequent I*

das Relativieren relativieren

das Aufgeben aufgeben

*Konsequent II*

Ich weiß nicht, dass ich nichts weiß.

*dürfen – sollen – können*

Der Mensch darf mehr als er muss.
Darum soll er mehr können.

Kann der Mensch mehr als er muss?
Dann soll er mehr dürfen!

*Treue*

seltene Ausrede für Bequemlichkeit

*Vergesslichkeit*

häufige Ursache für Undankbarkeit

*Halbherzig*

Man will mit sich ins Reine kommen,
aber scheut die Drecksarbeit.

*Strippenzieher*

Er hatte nichts in der Hand,
aber überall die Finger drin.

*Vom Schlechten am Guten*

Die gute Nachricht:
Viele Träume gehen jetzt in Erfüllung.

Die schlechte Nachricht:
Deine Träume sind auch dabei.

*correctio fraterna*

aufrichtende Widerlegung

*Prognose*

Werden keine Konsequenzen gezogen,
wird dies Folgen haben.

*Thermodynamik*

Bereits das Spalten von Kaminholz
erzeugt Wärme.

*Karneval*

Es ist entlarvend,
wie sich jemand verkleidet.

*Spaßgesellschaft*

Überall nur lachende Dritte

*Hellseher*

Ein kleines Licht
wirkt größer,
wenn ein großes
ausgeblasen wird.

*Kritik der Diskursethik*

Auch schlagende Argumente
hinterlassen Wunden.

*Vorteilhaft*

Beim Selbstgespräch kommt jeder zu Wort.

*Gefahrenzone*

Wer andere überzeugen will,
ihre Position zu wechseln,
wird oft mit jenen verwechselt,
die für das Wechseln von Überzeugungen
Position beziehen.

### Konkurrenzlos

Selbstverliebte haben keine Nebenbuhler

### SOS

Vielen ist nicht zu helfen,
weil sie sich nie helfen lassen wollen.

Wenig ist jenen geholfen,
die sich immer helfen lassen wollen.

### Anthropozentrik

Ein Mensch, der den Menschen
in den Mittelpunkt stellt,
steht allen anderen
im Weg.

### Geständnis I

Ich könnte, wenn ich wollte.
Aber wollen kann ich nicht.

### Geständnis II

Ich wollte ihr eine Stütze sein,
aber sie gab mir Halt.

### Kompromisslos

Wo es auf den ersten Eindruck ankommt,
gibt es keine zweite Chance.

*Missverständnis I*

Wer sich gehen lässt, kommt nicht weit.


*Missverständnis II*

Wer sich gehen lässt, wird bald eingeholt.


*Im Alter*

Man will gerne noch gebraucht werden
und stellt fest:
Man wird bloß benutzt.


*Ausnahmslos*

Wer häufig Ausnahmen von einer Regel macht,
braucht dafür eine Regel.


*Im Meer der Lügen*

ertrinken oder schwimmen


*Beste Gelegenheit*

Die Sonne ist untergegangen.
Jetzt kannst Du über Deinen Schatten springen.


*Reparaturbedarf*

Mein Brett vorm Kopf
wird langsam morsch.

# Kirche: kreuz und quer

In Kirchenbüchern nehmen die Vermerke über Kirchenaustritte seit einiger Zeit den größten Platz ein. Die kirchliche Krisenliteratur, welche diese Statistik kommentiert, bewegt sich zwischen Innovationsagenden und Insolvenzanzeigen. Ist der institutionelle Untergang unausweichlich? Wie lässt es sich allen Widrigkeiten zum Trotz in und mit der Kirche aushalten? Was an und in ihr ist es noch wert, dass man ihr Kredit gibt? Wer bestreitet, dass ihr Ende naht, kann nicht dem Streit mit jenen Kräften aus dem Weg gehen, die ihr dieses Ende bereiten. Polemik ist durchaus ein guter Indikator für den Streitwert der Kirche. Wo sie kein Streitobjekt mehr ist, hat man sie bereits abgeschrieben.

### Katholisch

Auf's Ganze gehen und sich vor Extremen hüten!

### Späte Freiheit

Wer das Evangelium der Welt
als Freiheitsbotschaft verkündet,
kommt zu spät.

Die Welt hat keinen Befreiungsbedarf mehr –
es sei denn, die Christen wollen jene Eisenringe endlich
absprengen,
die ihnen – wie in Grimms Märchen dem treuen Heinrich –
das Atmen schwer und das Herz eng machen.

Dann aber ist das Evangelium
zuerst der Kirche
zu verkünden.

125

## Eucharistie

Gott verkrümelt sich
in unsere leeren Hände.

## Verwechslung

„Tut dies zu meinem Gedächtnis!"
heißt nicht:
„Gedenket meines Tuns!"

## Berufung

Ist man ein Prophet, wenn man ahnt, dass man es niemals
wird?

## Predigt

Von der Kanzel wirft mir jemand
Heilswahrheiten an den Kopf
schwer wie Medizinbälle.

## Maria 2.0

Frauen fühlen sich berufen
zu einem Stand,
den Männer
um seinen guten Ruf brachten.

## Kirchenbild

Wer stets von Hirt und Herde schwärmt,
schielt auf die Stellung des Schäferhundes.

### Bischofskonferenz

Jede Menge Leithammel.
Und dahinter kein einziges Schaf.

### Überraschung

Die Kirche predigt unablässig Umkehr.
Daher läuft man ihr davon – in alle Richtungen.

### Papst Franziskus

Auch er hat mal groß angefangen.

### Päpstliche Fürbitte

Petri heil!

### Kirchenreform I

Der Papst redet von Zukunftsmusik,
aber das Kirchenvolk tanzt schon heute danach.

### Kirchenreform II

Wer heute etwas ändert,
bemerkt die Konsequenzen in naher Zukunft
und muss dafür einstehen.

Wer heute nichts ändert,
muss dafür nicht einstehen.
Man bemerkt die Konsequenzen erst in ferner Zukunft.

Wen wundert's, dass sich heute nichts ändert.

## Kirchenreform III

Bischöfe treten heftig auf der Stelle
und erwecken damit den Anschein,
sie seien beträchtlich in Bewegung.

## Hierarchie I

Dass sie das Sagen haben,
sagen sie denen,
die etwas zu sagen haben.

Mehr sagen sie nicht.
Mehr haben sie nicht zu sagen.

Was soll man dazu sagen,
wenn man etwas zu sagen hat,
ohne das Sagen zu haben?

## Hierarchie II

Manche haben etwas zu sagen.
Aber sie sagen nichts.
Sie warten ab,
bis sie das Sagen haben.

Wenn sie das Sagen haben,
sagen sie nichts mehr –
aus Angst, eine Position zu verlieren,
in der sie das Sagen haben.

## Hierarchie III

Über so vieles haben sie etwas zu sagen.
Über so wenige hat Gott etwas zu sagen.

*Sprichwort*

Wer viel zu sagen hat,
hat auch viel zu beichten.


*Missbrauchstäter*

Wölfe im Hirtenpelz


*Missbrauchsvertuschung – katholisch*

Viele schwarze Schafe.
Auch die Hirten tragen schwarz
und kommen ungeschoren davon.


*Rücktrittsangebot eines Bischofs*

*„Ich lege meine Zukunft vertrauensvoll in die
Hände des Heiligen Vaters."*

Ein Hase prahlt mit seiner Angst.


*Päpstliche Ablehnung eines Rücktritts*

*„Mach weiter, so wie Du es vorschlägst."*

Ein Käfig fängt seinen Vogel.


*Unter Verdacht*

Gutachten werden teuer bezahlt,
sind sie deswegen käuflich?


*Weihrauch im Kölner Dom*

Eine fromme Vernebelung hinterlässt vernebelte Fromme.

*Termin im Erzbischöflichen Generalvikariat*

Behördenflure sind keine Gedankengänge

*Antiautoritär*

Er stellte Autoritäten in Frage.
Dann
wurde er eine Autorität.
Fortan
kam das Fragen
nicht mehr in Frage.

*character delebilis*

Um ein hohes Kirchenamt zu erlangen,
haben manche Kandidaten
viele Eigenschaften aufgegeben,
die man für eine gute Amtsführung braucht.

*Umfrage*

Soll man die Kirche noch im Dorf lassen,
wenn im Dorf niemand mehr zur Kirche geht?

*Schwacher Trost*

Je leerer die Kirche,
desto besser die Akustik

*Pfarrerinnen*

evangelisch: noch nicht lange
katholisch: noch lange nicht

*Klostereintritt*

Freiheitsverbüßung in Einzelzelle

*Heiligsprechung*

unbezahlbare Ehre mit hohen Prozesskosten

*Heiligenstatuen*

Aus Marmor.
Auch eine Form der Steinigung.

*Judasquote*

Unter 12 Aposteln war nur ein Verräter.
Heute ist der Anteil höher.

*Kirchenrecht*

Beschäftigung mit Problemen, die erst dann auf uns
zukommen, wenn wir darauf eingehen, uns damit zu
beschäftigen.

Beispiel: *„Eltern ... welche die nichtkatholische Taufe oder
Erziehung ihrer Kinder veranlassen, sollen mit einer Beugestrafe
oder einer anderen gerechten Strafe belegt werden"*
(CIC can. 1367).

*salus animarum suprema lex*

Warum werden so viele Ausnahmen von dieser Regel
gemacht?

*Nebeneffekt*

Gewaltenteilung in der Kirche =
Vermehrung der Gewalttäter

*tief gesunken*

ganz unten auf Hilfe von oben hoffen

*Weltbischofssynode*

Lehrstück,
wie man das Kirchenvolk davon abhält,
sich selbst um das zu kümmern,
was es unbedingt angeht

*Demokratie in der Kirche*

Das Volk Gottes ist in der Minderheit.

# Theologie: aufklaren/aufheitern

Die Theologie beschäftigt sich mit den Grund- und Grenzfragen des Daseins. Ihre Aufmerksamkeit gilt den biographischen Situationen, in denen für den Glauben der Ernstfall eintritt. Sie ist darum selbst eine ernste Angelegenheit. Wo sie ernsthaft betrieben wird, steht sie im Dienst der kritischen Selbstaufklärung des Glaubens und seiner Selbstunterscheidung von Unvernunft und Aberglaube. Gegen frömmelnde Selbstvernebelung bringt sie denkerische Klarheit in Stellung. Ist sie damit erfolgreich, liegt die Verwendung einer meteorologischen Analogie nahe: Verziehen sich dunkle Wolken, klart nachts der Himmel auf. Und tagsüber kommt es zu Aufheiterungen. Wendet man diese Analogie auf die Theologie an, dann trägt sie gerade mit ihrem aufklärerischen Ernst zur Aufheiterung der Glaubenden bei. Reicht das bereits aus, um sie zu einer „fröhlichen Wissenschaft" (F. Nietzsche) zu erklären? Tatsächlich gibt es in der theologischen Zunft selten einen Anlass für Heiterkeit. Dieser Fall tritt dann ein, wenn dieses ernste Unternehmen unfreiwillig seine komischen Seiten offenbart – etwa dann, wenn es Lehramtsobservanz mit Wissenschaftsfreiheit verschwistert. Vermutlich zeichnet man nur so ein realistisches Bild von der Theologie, dass man ihre tragikomischen Züge anspricht. Über manches könnte man lachen, wäre es nicht so traurig …

*Definition*

Theologie = Gottes Unerforschlichkeitserforschung

133

*Verunsicherung*

Ist die Theologie eine Wissenschaft, die nicht weiß,
ob es ihren Gegenstand wirklich gibt?

*Berufskrankheit*

Ein Theologe spricht von göttlichen Geheimnissen –
und gibt doch nur Rätsel auf.

*Zielorientiert*

Das Nachdenken über Gott führt nicht irgendwo hin,
sondern immer weiter.

*Examensvorbereitung*

Auch Vorgekautes kann unverdaulich sein.

*Berufungskommission*

Die Bewerber zeigen ihre besten Seiten.
Sie bestehen aus Zitaten.

*Erteilung des „nihil obstat"*

Glaubenstreuenachweis dank Linientreuebeweis

*Antrittsvorlesung*

Akademische Form der Ankündigung von wissenschaftlichen Vorhaben, die nicht umgesetzt werden

### Abschiedsvorlesung

Akademische Form der Entschuldigung für die
Ankündigung von wissenschaftlichen Vorhaben, die nicht
umgesetzt wurden

### Emeritierung

In Dienst der Wissenschaft
außer Dienst gestellt

### Kollegiales Symposion

Man spricht
miteinander
aneinander
vorbei.

### Überfordert?

Für manche Theologen
besteht die größte Herausforderung darin,
eine theologische Herausforderung zu erkennen.

### Die reine Lehre

Reine Leere

### Studentenunruhen

erhoffte, aber meistens ausbleibende Folge einer
Lehrveranstaltung

*Kurzschluss à la Descartes*

Meine Texte werden gedruckt, also werde ich gelesen.


*Buchbesprecher I: Komparativ im Konjunktiv*

Wenn ich es könnte,
könnte ich es besser.


*Buchbesprecher II: Ausgleichende Gerechtigkeit:*

Über Texte, die er nicht verstanden hat,
schreibt er Texte, die niemand liest.


*Mehrheitsverhältnisse*

Wenn ich alle nicht zitiere,
die mich nicht zitieren,
ist meine Rache größer
als ihre Ignoranz.


*Analytische Theologie*

Suche nach Prämissen, welche eine fromme Vermutung als
logische Schlussfolgerung erscheinen lassen


*Kniende Theologie*

zuerst in die Knie gegangen,
dann auf den Kopf gefallen.


*Ambitionen*

Theopoesie erschließt die Wirklichkeit Gottes,
Theologie begnügt sich mit ihrer Behauptung.

### Callcenter

Wer von Gott sprechen will,
darf sein Schweigen
nicht verschweigen.

### Theorie und Praxis

Wie schwer ist es, eine Tat in einen Gedanken umzusetzen?

### Statik

Theoriebauten ohne tragende Einwände sind
einsturzgefährdet.

### Eschatologie I

im Drüben fischen

### Eschatologie II

Je weiter die Zukunft entfernt ist,
umso besser kennt sich die Theologie darin aus.

### Jüngstes Gericht

Jede andere Instanz spricht nur Vorurteile.

### Hölle

Appell: Fertig machen zum Totlachen!

### Hoffen wider alle Hoffnung

Was man tut, wenn nichts mehr zu machen ist.

137

*Originalitäts- und Popularitätscasting*

Originell bist Du,
wenn Du denken kannst
wie die wenigsten.

Populär wirst Du,
wenn Du denken kannst,
was die meisten,
glauben wollen.

*Qualitätssiegel*

Gute Theologie erkennt man nicht erst daran,
dass sie Anerkennung findet.

Es genügt schon die Erkenntnis,
dass sie Anerkennung verdient.

# IV. Letzte Worte:
## Einen Schlussstrich ziehen

Wer etwas zu sagen hat, möchte auch das Sagen haben. Berufliche Positionen, die diese Möglichkeit eröffnen, sind allerdings nicht sehr zahlreich. Außerdem ist die Verweildauer auf solchen Positionen in der Regel begrenzt. Irgendwann ist auch für Personen in Führungspositionen der Zeitpunkt für letzte Worte gekommen. Im universitären Kontext gibt es dafür das Format der Abschiedsvorlesung. Dem scheidenden Inhaber eines Lehrstuhls wird eigens ein Hörsaal für letzte Worte zur Verfügung gestellt. Es ist die letzte Gelegenheit, sich vor einem akademischen Auditorium noch einmal so zu präsentieren, wie man in Erinnerung bleiben möchte.[128] Manche Kolleg/inn/en widmen sich noch einmal ihrem Lebensthema, halten eine Eigenlobrede auf ihre wissenschaftlichen Verdienste oder blättern mit Weggenossen im Fotoalbum ihrer Karriere. Andere nutzen ihren Auftritt für eine Abrechnung mit Konkurrenten oder mit der Wissenschaftsbürokratie. Manchmal wird man auch Zeuge, wie jemand ebenso grundsätzliche wie persönliche Überlegungen zum Thema „Aufhören" anstellt.

Diesem Thema kann der Ruheständler in spe ohnehin nicht ausweichen. Bereits etliche Jahre vor seiner akademischen Entpflichtung wird er von Verwaltung und Kollegenschaft – mal unverhohlen, mal diskret – an das Datum seines Ausscheidens erinnert und um Vorkehrungen für die Nachfolgesicherung gebeten. Ab dem 60. Geburtstag häufen sich auch im privaten Umfeld die Anfragen „Wie lange noch …?" Irgendwann schickt sich der Prä-Emeritus ins Unvermeidliche und beginnt, auf Ideen für seinen letzten

Auftritt zu warten. Anfangs stehen nur Format und Absicht
seiner Abschiedsworte fest: Er will in Form einer Vorlesung
einen Schlussstrich unter seine Vorlesungen ziehen und er
will darüber reden, wie man Schluss machen kann. Sollten
zu dieser anfänglichen Idee keine weiteren Ideen hinzukom-
men, wird er eben darüber sprechen, wie man mit dem Aufhören anfangen kann.[129]

Allgemein wird die Ansicht vertreten, dass man bei jeder
Tätigkeit mit dem Anfangen beginnt und mit dem Aufhören
endet. Allerdings hört nach diesem Ende nicht alles auf.
Meist wird etwas Neues begonnen. Somit kommt das Aufhören eigentlich vor dem Anfangen. Man fängt nicht ein-
fachhin mit dem Anfangen an, sondern muss zuvor mit etwas anderem aufhören. Beim Aufhören kommt es zwar
entscheidend auf den Schluss an. Aber auch hier muss man
vorher schon überlegen, wann der rechte Zeitpunkt kommt,
um einen Schlusspunkt zu setzen. Wann ist es angezeigt, aus
einem Amt auszuscheiden, eine Aufgabe abzugeben oder
eine Beziehung aufzulösen, um noch einmal etwas Neues
beginnen zu können? Woran erkennt man, dass es Zeit wird
für eine Kündigung, einen Rücktritt, eine Trennung, einen
Abschied? Wer aufhören will, muss beizeiten damit anfangen – zumindest mit dem Nachdenken über das Aufhören. Offensichtlich ist dieser Umstand der Grund für die
verbreitete Ansicht, das Anfangen komme vor dem Aufhören. Allerdings handelt es sich hier um eine Ausnahme.
Die Regel lautet: Das Aufhören kommt vor dem Anfangen.
Dies gilt sogar für die Gezeiten der Zeit: In der Gegenwart
hört die Zukunft auf und die Vergangenheit fängt an – genau in dieser Reihenfolge.

## Aufhören,
## weil es keinen Spaß mehr macht

Wer sich nach Maßstäben sinnvollen Anfangens und Indizien eines rechtzeitigen Aufhörens erkundigt, bekommt seit geraumer Zeit zu hören: „Fang an, was Dir Spaß macht – und mach Schluss, wenn der Spaß ausbleibt!" Ein von Spitzensportlern und Showgrößen oft gehörter Satz bestätigt diese Empfehlung: „Wenn es keinen Spaß mehr macht, dann höre ich eben auf!" Für sie wird das Weitermachen sinnlos, wenn ihnen die Lust daran vergeht. Nicht Medaillen und Bestzeiten entscheiden darüber, wie lange und wie oft eine Olympiasiegerin noch bei Wettbewerben antritt. Eine wie sie, die alles erreicht hat, bleibt im Rennen, solange es ihr Spaß macht. Und ein Schauspieler, Sänger oder Entertainer, der seine größten Erfolge schon lange hinter sich hat, tritt solange auch auf kleinen Bühnen auf, wie er dabei Spaß hat.[130]

Ob es allerdings ein guter Ratschlag ist, beim Aufhören und Anfangen allein an dieser Größe Maß zu nehmen und die Auswahl anderer Kriterien ebenfalls an ihrem Spaßquotienten festzumachen, dürfte damit noch nicht entschieden sein. Hier besteht noch Klärungs- und Beratungsbedarf. Wer nach einer brauchbaren Anleitung für ein gutes Ende und darauf bezogene letzte Worte sucht, sollte weitere Phänomene des Aufhörens in den Blick nehmen und weitere Hinweise auf einen gekonnten Umgang mit freiwilliger oder erzwungener Untätigkeit sammeln. Vielleicht kann er am Ende einen Ratgeber für's rechte Schlussmachen schreiben.[131] Aber am Anfang eines solchen Buches sollte eine Warnung stehen: Für diese Ratschläge wird keine Erfolgsgarantie übernommen – auch nicht bei sachgemäßer Anwendung. Tauchen nämlich bei ihrer Umsetzung unkalkulierbare Risiken und unerwünschte Nebenwirkungen auf, ist es angeraten, mit dem Weitermachen aufzuhören. Aufhören kann frustrieren, aber es kann auch verhindern, dass nachträglich bereut wird, was anfangs großen Spaß machte.

Beginnen wir mit einigen Binsenweisheiten über's Tun und Lassen: Die Lust, etwas zu tun oder zu lassen, hängt ab vom Spaßfaktor, den eine Tätigkeit aufweist. Wenn die Dinge, die zu tun sind, lustvoll und beschwingt erledigt werden, nehmen sie meist auch ein gutes Ende. Was hingegen lustlos und lahm angefangen wird, wird in der Regel auch zu einem freudlosen Abschluss gebracht. Wer Spaß bei der Arbeit hat, beklagt selten Defizite hinsichtlich des Sinns dessen, was zu tun ist. Wo aber Lust und Laune an der Arbeit abnehmen, schwinden auch der Sinn des Arbeitens und die Neigung, sich diesen Sinn zu erarbeiten. Wo man mit Freude bei der Sache sein kann, ist man zudem bereit, bei dieser Sache selbst angesichts mancher Widrigkeiten zu bleiben.

Wo viele Dinge nur des Spaßes wegen getan werden, avanciert er zum zentralen Sinnkriterium des Tuns und Lassens.[132] Die dazu passenden Empfehlungen lauten: Ein Vorhaben ist sinnvoll, wenn seine Umsetzung Spaß macht. Und nur was Spaß macht, sollte überhaupt begonnen werden. Wenn nach einer Weile der Spaß abnimmt, legt es sich nahe, nicht länger auf einen unerfreulichen Abschluss hinzuarbeiten und das Ganze vorher abzubrechen. Das gilt sogar für die Liebe. Die Dauer einer Beziehung hängt nicht davon ab, ob der Tod die Beteiligten scheidet. Das Ende ist dann gekommen, wenn nach guten Tagen die schlechten kommen. Und das erkennt man daran, dass der Spaß ausbleibt, wenn man weiter miteinander zu tun hat.[133] Folglich wird „Schluss gemacht" – gelegentlich sogar in einem kurzen Prozess per digitaler Kurznachricht (SMS, WhatsApp, Twitter).

# Aufhören,
## sobald die Lust zur Last wird

Beim Spaß liegen Anfang und Ende dicht beisammen.
Wenn der Spaß aber aufhört, endet vieles andere auch: die
Geduld, die Gemütlichkeit, die Freundschaft. Allerdings
muss bisweilen im Leben gerade das aufgegeben werden,
was Spaß macht. Wenn es ernst wird und der Spaß ein Ende
hat, beginnen Exerzitien des Verzichts. Sich das Rauchen
abzugewöhnen und Alkohol zu meiden, sind zwar freudlose
Verzichtsübungen. Aber sie können zur Voraussetzung dafür
werden, längerfristig überhaupt noch etwas im Leben vom
Leben zu haben. Würde man weitermachen mit einer Lust,
die zum Laster geworden ist, ließe sich ein böses Ende nicht
vermeiden. Erst das Aufhören verhindert das Unvermeidliche. Wird die Lust zur Last, kann nur das sofortige Aufhören verschaffen, was dem Lustvollen längst abging: Freiheit und Unbeschwertheit.

Nicht immer ist hinreichend klar, ob es noch rechtzeitig
gelingt, lustvolle Risikofaktoren auszuschalten. Entsprechende Anregungen, dies frühzeitig zu testen, nehmen
gerne Anleihen bei religiösen Fastentraditionen und forma-
tieren asketische Ideale so um, dass sie therapeutisch einsetz-
bar sind und bereitwillig übernommen werden.[134] Die Zumutung des Entsagens verknüpfen sie mit dem Versprechen
der Selbstbeherrschung: Wer es schafft, in überschaubaren
Zeitintervallen kompromisslos Verzicht zu leisten, kann op-
timistisch sein, sich selbst und das individuelle Suchtpoten-
zial noch im Griff zu haben. Die von einem rigorosen Diät-
programm verlangte Selbstunterwerfung wird kompensiert
durch den Langzeiteffekt der Selbstbehauptung.

Zahlreiche Lebenskunstratgeber präsentieren vor diesem Hintergrund attraktive Kalkulationen eines verzicht-
basierten Zugewinns an Lebensqualität.[135] Hier zahlt sich

143

das Aufhören aus. Ein begrenzter Verzicht steht im Dienst eines unverzichtbaren Gutes. Bemerkenswert ist dabei die Aufhebung einer ansonsten befolgten Handlungslogik: Nachhaltige positive Auswirkungen generiert nicht das Erfolgskalkül des ungehinderten Fortschreitens und Weitermachens, sondern die Bereitschaft zur Unterbrechung, zum (zeitweiligen) Ausstieg.

## Aufhören,
### damit es besser weitergehen kann

Das Aufhören gilt vielfach als ein Ausdruck schwindender Kräfte, als Vorbote der Resignation oder als Besiegelung des Scheiterns. Manchmal wird es erzwungen. Trillerpfeifen, fliegende Eier und Tomaten können die Wahlkampfrede eines Politikers ungewollt abkürzen. Und in einer Castingshow führen Buh-Rufe aus dem Publikum zum abrupten Ende einer missglückten Performance. Man kann aber auch gewollt, geplant und wohlüberlegt, aus eigenem Entschluss das Weitermachen stoppen.

Die Empfehlung, man solle aufhören, wenn es am schönsten sei, wird gern zitiert, um geselligen Runden einen guten Zeitpunkt der Selbstauflösung zu signalisieren. Wer auf dem Karrierehöhepunkt abtreten möchte, findet mit diesem Zitat auch für einen abrupten Abschied verständnisvolle Zustimmung. Verständnis und Zustimmung nehmen in dem Maß zu, in dem erkennbar wird, dass hinter dem Abschied ein durchdachter Plan steht: Hier zieht sich jemand zurück und nimmt sich eine Auszeit, um später mit einem anderen Projekt durchzustarten. Die Auszeit ist lediglich die Zwischenzeit zweier Karrieren. Sie ist nur scheinbar unproduktiv. In ihr wird Kraft getankt.

Wer Leistungssport treibt, weiß darum, dass das Wichtigste am Training die Pausen sind. Sie müssen regelmäßig in Phasen der Belastung eingestreut werden. Ausdauersportler trainieren nicht andauernd, sondern unterbrechen von Zeit zu Zeit ihre Anstrengungen. Diese Pausen dienen aber nicht der vollständigen Erholung, sondern der zunehmenden Leistungsverbesserung. Sie dürfen daher nur so lange dauern, dass nach einer Pause ein Belastungsreiz gesetzt werden kann, der höher ist als in der Trainingseinheit vor der Pause. Intervalle des Zulegens und Nachlassens, des Aufhörens und Weitermachens wechseln hier einander ab. Eine Maximalbelastung wird kombiniert mit einer Maximalentlastung, die Maximalbelastungen auf höherem Niveau ermöglicht.

Aber auch ein Intervalltraining mit dem Ziel der Leistungssteigerung kann nicht andauernd fortgesetzt werden. Spitzensportler benötigen trainingsfreie Zeiten, in denen sie jede physische Anstrengung unterlassen.[136] Daraus lässt sich eine generelle Empfehlung für andere Hochleistungsbereiche ableiten: Man kann durch stetes Bemühen, Üben und Perfektionieren ein Spitzenniveau erreichen. Aber nur wer es zeitweise völlig bleiben lässt, an ständigen Fortschritten zu arbeiten, kann auf diesem Niveau langfristig noch Verbesserungen erzielen.

## Aufhören, wenn Verbesserungen nichts Gutes verheißen

Modernes Leben folgt einem Optimierungsimperativ und verlangt permanente Verbesserungen des Guten. Dass einmal ein Punkt erreicht wird, an dem man etwas gut und genug sein lassen kann, ist in diesem Programm nicht vorgesehen. Aber es ist keineswegs erwiesen, dass ständige Verbesserungen etwas Optimales erzielen. Jeder Künstler weiß, dass er bei Zeiten ein Bild mit einem letzten Pinselstrich, ein Gedicht mit einem letzten Wort oder eine Komposition mit einem letzten Akkord abschließen muss, sollen sie überhaupt fertig werden. Hier ist es das rechtzeitige Aufhören die Gelingensbedingung für ein gutes Werk. Die Fortsetzung von Verbesserungsbemühungen kommt nie an ein Ziel und führt letztlich in die Verschlimmbesserung des Getanen.[137] Nur zu oft geht die Warnung ins Leere: Besser wird's nicht!

Zu Kreativität des Hervorbringens gehört es, zum richtigen Zeitpunkt nichts mehr zu tun. Das Aufhören des Hervorbringens ermöglicht erst das Eigen- und Selbstsein des Hervorgebrachten. Etwas vollenden heißt dann: auf das Tun das Seinlassen folgen lassen und das Getane gut sein lassen. d. h. davon absehen, es als Mittel für weitere Zwecke einzusetzen. Der schöpferische Mensch kann seinem Schöpfergott nacheifern und durch Nichtstun sein Werk vollenden (vgl. Gen 2,1–3).[138] Das Aufhören ist hier kein Akt, der dazu führt, dass dem Entstandenen etwas vorenthalten wird, sondern die Voraussetzung dafür, dass es erhält, was ihm noch fehlt: die Entlassung ins Selbst- und Eigensein. Und auch der Akt des Hervorbringens findet in dieser Gelassenheit ein gutes Ende – anstelle eines ziellosen, ewigen „weiter so", das mit keinem Ergebnis zufrieden sein kann, weil es kein „gut so" kennt.

## Aufhören,
### weil nichts mehr zu machen ist

Die Moderne misst den Wert menschlichen Handelns am Getanen. Je früher dessen Wert absehbar wird, umso eher ist klar, ob die Mühe des Anfangens und die Anstrengung allen weiteren Tuns lohnt. Und je früher die Aussichtslosigkeit aller weiteren Bemühungen erwiesen ist, umso rascher ist das Aufhören angezeigt. Erst recht gilt dies, wenn die Unabwendbarkeit des Scheiterns vor Augen steht.[139] In jedem Fall ist Tempo angesagt. Wer sich zu lange Zeit lässt mit dem Anfangen, Weitermachen und Aufhören, verliert zu viel Zeit. Eile tut Not, weil menschliches Dasein befristet ist. Darum hat die Moderne alle wissenschaftlichen, technischen und ökonomischen Daseinsoptimierungen unter einen „kinetischen" Imperativ gestellt: Alles, was den Menschen umgibt, soll immer schneller immer besser werden. Weltverbesserungen dürfen nicht allzu lange auf sich warten lassen. Denn die dem Menschen verfügbare Zeit vergeht und zerrinnt – auch die Lebenszeit der Weltverbesserer. Sie könnte zu Ende sein, bevor sie durch eigenes Zutun die Welt soweit verbessert haben, dass sie das Leben in und mit ihr für annehmbar halten. Darum sollte man auch mit aussichtslosen Weltverbesserungen möglichst rasch aufhören – es wäre reine Zeitverschwendung.[140]

Ohne Lassen gibt es kein Tun. Diese Einsicht ist trivial und wird dennoch selten bedacht. Wer etwas tun will, muss vieles anderes auslassen, zumindest aufschieben oder vertagen. Jedes Handeln geht – gerade in modernen Multioptionsgesellschaften – mit einem Verzicht oder einer Selbstbeschränkung des Handelnden einher. Das Auslassen ist ein Implikat von Wahl-, Entscheidungs- und Handlungsfreiheit. Nicht alles Mögliche wird realisiert, sondern nur das, wozu man sich aus freien Stücken entschieden hat. Was der

Mensch aus freiem Willen zu tun vermag, kann er auch freiwillig unterlassen. Das bewusste Auslassen einer Handlung kann sogar eine Erfolgsbedingung sein: Ein Hochspringer lässt nach zwei Fehlversuchen den noch möglichen dritten Versuch aus und hebt ihn sich für die nächste Höhe auf, um im Wettbewerb zu bleiben. Ein Diskurswerfer erzielt im ersten Versuch bereits eine Rekordweite, schockt damit die Konkurrenz und kann es sich nun leisten, weitere Versuche auszulassen, um Kräfte für einen vielleicht entscheidenden letzten Wurf zu sparen. In diesen Fällen stellt das Auslassen eine Selbstbeschränkung dar, die auf eine Selbstbehauptung abzielt.

Tun und Lassen führen unversehens in den Bereich der Moral. Während beim Auslassen die strategische Klugheit Regie führt, geht es beim Unterlassen um moralische Imperative. Das Unterlassen zeigt sich meist in der Nichteinhaltung eines Verbotes oder in der Nichtbeachtung eines Gebotes. Es gibt die unterlassene Hilfeleistung und die Unterlassungsandrohung: „Hör auf damit! – Wehe, du machst das noch einmal!" Man soll Gutes tun und Böses unterlassen. Manchmal ist das Unterlassen aber auch positiv besetzt – etwa dann, wenn jemand einer Versuchung widersteht oder sich einer Verlockung entzieht. Unterlassungen können somit Lob und Tadel einbringen. Anlass zum Lob besteht dann, wenn es sich um eine bewusste moralische Verzichtsleistung handelt, die etwas moralisch Übles verhindert.[141]

Etwas Böses zu unterlassen, ist per se noch nichts Gutes. Es ist vielleicht besser als etwas Gutes zu unterlassen. Aber wenn hinter der Unterlassung lediglich Tatenlosigkeit wegen Faulheit steht, ist es nicht gut um sie bestellt. Es gibt allerdings Situationen, in denen faktisch nichts mehr zu machen ist und diese Passivität dennoch nicht zu einem moralischen Vorwurf führt. Wenn jede ärzt-

liche Kunst bei einer todbringenden Krankheit vergeblich
ist, kann die Fortsetzung erfolgloser Therapieversuche zur
Qual werden. Gut gemeinte, aber sinnlose Therapieverlän-
gerungen aufzugeben, ist per se nichts Böses. Es gibt Grenz-
fälle, in denen am Ende des Tuns und Machens anzukom-
men damit einhergeht, dass auch die Moral an ihr Ende
kommt. Wo Tun und Machen versagen, beginnt der Bereich
dessen, wofür der Mensch nichts kann.

## Aufhören,
## um abzudanken

An die Grenzen des Tuns und Machens gerät man unwei-
gerlich im Blick auf ein Leben, dessen Grundbestimmung
Endlichkeit und Befristung sind. Niemandem ist es zu verdenken, wenn alles darangesetzt wird, das Ende eines solchen Lebens hinauszuzögern und eine Fristverlängerung
des Daseins zu erreichen. Aber soll aus vielen Lebensfäden
irgendwann einmal etwas Gutes und Ganzes werden, dann
wird anstatt des unentwegten Fädenspinnens irgendwann
einmal ein Schnitt fällig werden, um ein gewebtes Tuch in
Händen zu halten (vgl. Jes 38,12). Wem es vergönnt ist, ein
endliches Leben zu einem solchen Ende zu bringen, muss
den Tod nicht fürchten, sondern kann ihm sogar etwas
Gutes abgewinnen.[142] Aus dem Leben zu scheiden, wenn
man „alt und lebenssatt" (Gen 25,8) geworden ist, kann
dann auch mit der Geste des Abdankens geschehen.

Dieses Abdanken ist kein Abschied, der nur einem
Monarchen zusteht und dessen Entschluss, seiner Macht-
position zu entsagen, prunkvoll inszeniert werden muss. Es
geht auch nicht um einen Rücktritt, hinter dem ein erzwungener Rückzug steht. Und auch die einem Rauswurf zuvor-

kommende Aktion, dass jemand ein Entlassungsgesuch einreicht und aus dem Staats- oder Militärdienst ausscheidet, ist nicht gemeint. Für derartige Verzichtsakte auf Amt und Würden lassen sich je nach ihren Umständen besonders Verantwortliche oder gar Schuldige ausmachen, die dem Berufsende einen bitteren Beigeschmack geben. Mit dem Abdanken am Lebensende verhält es sich anders. Es geht um einen Abschied, für dessen Umstände niemand etwas kann. Denn dieser Abschied gilt einem Leben, das sich bereits einem Anfang verdankt, für den der Mensch nichts kann. Ein Abschied in der Weise des Abdankens ist darum auch kein resignativer Akt, sondern getragen von Hoffnung. Die Hoffnung richtet sich auf ein Ende, auf das etwas folgt, für das der Mensch erneut nichts kann. Allerdings steht hinter diesem Hoffnungsgedanken ein Fragezeichen.

Gott hat dem Menschen

sein Wort

gegeben.

Der Mensch

ist

bei Gott

im Wort.


Hält es?


Egal,

wer es

immer

wieder

bricht?

Ein Fragezeichen findet sich immer, wenn man sich in der Nähe von Skeptikern bewegt. Nur selten geben Skeptiker zu erkennen, dass sie erhoffen, was sie zugleich anzweifeln. Noch seltener geben sie zu, dass sich hinter ihrem Zweifel ein frommer Wunsch verbirgt. In diesem seltenen Fall ist es vielleicht möglich, ihnen ein letztes frommes (Zu-)Geständnis abzuringen: Ein solcher Wunsch gehört in Gottes Ohr!

# Auswahlbibliographie

ASCHRICH, K.: Theologie schreiben. Dorothee Sölles Weg zu einer Mystik der Befreiung, Berlin/Münster 2006.

AVANATTI DE PALUMBO, C. I.: Literatur – eine wichtige hermeneutische Vermittlung für die Theologie, in: Concilium 52 (2017) 522–529.

BADER, G.: Theologia poetica. Begriff und Aufgabe, in: ZThK 83 (1986) 188–237.

BALTZ-OTTO, U.: Poesie wie Brot. Religion und Literatur: Gegenseitige Herausforderung, München 1989.

BAUKE-RÜEGG, J.: Theologische Poetik und literarische Theologie? Systematisch-theologische Streifzüge, Zürich 2004.

BAYER, O.: Gott als Autor. Zu einer poietologischen Theologie, Tübingen 1999.

BISER, E.: Religiöse Sprachbarrieren. Aufbau einer Logaporetik, München 1980.

BLOCHING, K.-H.: Texte über Gott. Anregungen zum Nachdenken, Mainz ²1979.

BODENHEIMER, A./TÜCK, J.-H. (Hg.): Klagen, Bitten, Loben. Formen religiöser Rede in der Gegenwartsliteratur, Ostfildern 2014.

BONGARDT, M. (Hg.): Humor – Leichtsinn der Schwermut. Zugänge zum Werk von Elazar Benyoëtz, Bochum 2010.

BONGARDT, M. (Hg.): Zugrunde gegangen und hoch in die Jahre gekommen. Gabe zum 80. Geburtstag des Dichters Elazar Benyoëtz, Würzburg 2019.

BOSSART, R.: Die theologische Lesbarkeit von Literatur im 20. Jahrhundert. Studien zu einer verdrängten Hermeneutik, Würzburg 2009.

BRAUN, M.: Probebohrungen im Himmel. Zum religiösen Trend in der Gegenwartsliteratur, Freiburg/Basel/Wien 2018.

BRAUNGART, W.: Literatur und Religion in der Moderne. Studien, Paderborn 2016.

BÜHLER, P./MAUZ, A. (Hg.): Grenzverkehr. Beiträge zum Werk Kurt Martis, Göttingen 2016.

DAUSNER, R.: Die Literatur als Herausforderung und Impulsgeber der Theologie, in: Hirschberg 62 (2009) 616–623.

DAUSNER, R.: Schreiben wie ein Toter. Poetologisch-theologische Analysen zum deutschsprachigen Werk des jüdisch-israelischen Dichters Elazar Benyoëtz Paderborn 2007.

FABER, R./RENGER, A.-B. (Hg.): Religion und Literatur. Konvergenzen und Differenzen, Würzburg 2017.

FEDDERSEN, J./GESSLER, Ph.: Phrase unser. Die blutleere Sprache der Kirche, München 2020.

FLÜGGE, E.: Der Jargon der Betroffenheit. Wie die Kirche an ihrer Sprache verreckt, München 2016.

FRESACHER, B. (Hg.): Neue Sprachen für Gott. Aufbrüche in Medien, Literatur und Wissenschaft, Ostfildern 2010.

FUCHS, O.: Im Raum der Poesie. Theologie auf den Wegen der Literatur, Ostfildern ²2015.

GARHAMMER, E.: Meridiane aus Wörtern. Theo-poetisches ABC, Würzburg 2021.

GARHAMMER, E.: Erzähl mir Gott. Theologie und Literatur auf Augenhöhe, Würzburg 2018.

GARHAMMER, E.: Bei den Literaten in die Schule gehen, in: U. Roth u. a. (Hg.), Geforderte Rede. Konstellationen, Kontexte und Konsequenzen des Predigens, München 2018, 44–56.

GARHAMMER, E.: Zweifel im Dienst der Hoffnung. Poesie und Theologie, Würzburg 2011.

GARHAMMER, E. (Hg.): Literatur im Fluss. Brücken zwischen Poesie und Religion, Regensburg 2014.

GELLNER, Ch.: Tiefenresonanz. Theopoetische Streifzüge durch die Gegenwartsliteratur, in: M. Werner u. a. (Hg.), Angesehen. Interdisziplinäre Perspektiven auf den Blick Gottes, Freiburg/Basel/Wien 2022, 73–87.

GELLNER, Ch.: „... nach oben offen". Literatur und Spiritualität – zeitgenössische Profile, Ostfildern 2013.

GELLNER, Ch: „Vielleicht hält Gott sich einige Dichter ...". Zeitgenössische Literatur – notwendige Provokation und unentbehrlicher Seismograph kulturell sensibler Theologie, in: M. Felderl/J. Schwaratzki (Hg.), Glaubwürdigkeit der Kirche – Würde der Glaubenden, Freiburg/Basel/Wien 2012, 207–221.

GELLNER, Ch.: Zeitgenössische Literatur – Echolot für Religion? Erkundungen in der deutschsprachigen Gegenwartsliteratur, in: M. Durst/H. J. Münk (Hg.), Religion und Gesellschaft, Fribourg 2007, 197–240.

GOERGEN, P.: SeitenSprünge. Literaten als religiöse Querdenker, Solothurn/Düsseldorf 1995.

154

GRÖZINGER, A. u. a. (Hg.), Religion und Gegenwartsliteratur. Spielarten einer Liaison, Würzburg 2009.

GROM, B.: „… den sie früher Gott genannt hätten". Spirituelle Sprechversuche in der deutschen Gegenwartslyrik, in: StZ 222 (2004) 127–137.

GRUBITZ, Ch.: Der israelische Aphoristiker Elazar Benyoëtz, Tübingen 1994.

HAUSCHILDT, E. (Hg.): Theopoetische Existenz. Henning Schröers Impulse zur Ästhetik der Theologie, Waltrop 2004.

HEIMBROCK, H.-G.: Riskante Sätze: Von Gott reden. Erfahrungen mit dem Reden von Gott. Skizzen, Essays und literarisch-poetische Variationen, Göttingen 2021.

HOFF, G. M./WINKLER, U. (Hg.): Poesie der Theologie. Versuchsanordnungen zwischen Literatur und Theologie, Innsbruck/Wien 2012.

KAISER, G.: Christliche Gedichte? Zur Lyrik Christian Lehnerts, in: Geist und Leben 81 (2008) 87–98.

KNOBLOCH, St.: Das Hiersein übertreffen. Gottsuche in der Gegenwartsliteratur, Würzburg 2020.

KOERTNER, U. H. J. (Hg.): Poetologische Theologie? Zur ästhetischen Theorie christlicher Sprach- und Lebensformen, Ludwigsfelde 1999.

KURZ, P. K.: Der Fernnahe. Theopoetische Texte, Mainz 1994.

KURZ, P. K.: Gott in der modernen Literatur, München 1996.

KUSCHEL, K.-J.: Die Herausforderungen der zeitgenössischen Lyrik für das Sprechen von Gott, in: H. Zwanger/K.-J. Kuschel (Hg.), Gottesgedichte, Tübingen 2011, 199–219.

KUSCHEL, K.-J.: Im Spiegel der Dichter. Mensch, Gott und Jesus in der Literatur des 20. Jahrhunderts, Düsseldorf 1997.

KUSCHEL, K.-J.: Literatur und Theologie als gegenseitige Herausforderung, in: E. Garhammer/G. Langenhorst (Hg.), Schreiben ist Totenerweckung. Theologie und Literatur, Würzburg, 2005, 19–42.

KUSCHEL, K.-J.: Literatur und Theologie. Der zeitgenössische Widerstreit, in: NHThG² III (1991) 254–270.

KUSCHEL, K.-J.: Theopoetik. Auf dem Weg zu einer Stillehre des Redens von Gott, Christus und dem Menschen, in: P. Reifenberg (Hg.), Gott – das bleibende Geheimnis, Würzburg 1996, 227–254.

KUTZER, M.: In Wahrheit erfunden. Dichtung als Ort theologischer Erkenntnis, Regensburg 2006.

KUTZER, M.: Zwischen Sprachkritik und Weltentwurf. Poetische Texte und ihr theologisches Potential, in: MThZ 67 (2009) 327–337.

LANGENHORST, G.: Das Wort Gott – ein „Wirkwort" (Andreas Knapp). Literarische Sprach-Schulungen für Theologie und Religionspädagogik, in: F. v. Oorschot/S. Ziermann (Hg.), Theologie in Übersetzung? Religiöse Sprache und Kommunikation in heterogenen Kontexten, Leipzig 2019, 127–142.

LANGENHORST, G.: Theopoesie. Eine kleine Rechtfertigung der sprachlichen Urform von Religion, in: S. Birkel (Hg.), Spoken Words. Poetry Slam in der Jugendpastoral, München 2018, 19–36.

LANGENHORST, G.: Fortschreibungen mystischer Poesie. Die Dichter Christian Lehnert und Andreas Knapp, in: Geist und Leben 88 (2015) 294–306.

LANGENHORST, G.: „Ich gönne mir das Wort Gott". Annäherungen an Gott in der Gegenwartsliteratur, Freiburg/Basel/Wien ²2014.

LANGENHORST, G.: Theologie und Literatur: Aktuelle Tendenzen, in: Theologische Revue 109 (2013) 355–372.

LANGENHORST, G.: Literarische Texte im Religionsunterricht. Ein Handbuch für die Praxis, Freiburg/Basel/Wien 2011.

LANGENHORST, G.: Theologie und Literatur. Ein Handbuch, Darmstadt 2005.

LANGENHORST, G.: Gedichte zur Gottesfrage. Texte – Interpretationen – Methoden. Ein Werkbuch für Schule und Gemeinde. München 2003.

LANGENHORST, G./GARHAMMER, E. (Hg.): Schreiben ist Totenerweckung. Theologie und Literatur, Würzburg 2005.

LANGENHORST, G./WILLEBRAND, E. (Hg.): Literatur auf Gottes Spuren. Religiöses Lernen mit literarischen Texten des 21. Jahrhunderts, Ostfildern 2017.

LEIMGRUBER, St.: Kurt Marti (*1921). Theopoesie mit Zeitindex, in: J. Bärtig/St. Leimgruber (Hg.), Grenzfall Literatur. Die Sinnfrage in der modernen Literatur der viersprachigen Schweiz, Freiburg i. Ue. 1993, 294–305.

LEITNER, A. G. (Hg.): Der Himmel von morgen. Gedichte über Gott und die Welt, Stuttgart 2018.

LÖRKE, T./WALTER-JOCHUM, R. (Hg.): Religion und Literatur im 20. und 21. Jahrhundert. Motive, Sprechweisen, Medien, Göttingen 2015.

MARTI, K.: Unterwegs zur Theopoesie, in: EvErz 50 (1998) 235–243.

MAUZ, A.: Göttliches Schreiben. Zur Genealogie des Schreibens und ihrer Nützlichkeit für eine Poetik des ‚heiligen Textes', in: Ph. Stoellger (Hg.), Sprachen der Macht, Würzburg 2008, 225–264.

MAUZ, A./WEBER, U. (Hg.): „Wunderliche Theologie". Konstellationen von Literatur und Religion im 20. Jahrhundert, Göttingen 2015.

MOTTÉ, M.: „Der Götze Eloquenz". Zur Krise der religiösen Sprache, in: Pastoralblatt 72 (2020) 370–378.

MOTTÉ, M.: Auf der Suche nach dem verlorenen Gott. Religion in der Literatur der Gegenwart, Mainz 1997.

PYKA, H.: Spiel mit dem Wort! Kreatives Schreiben für Predigt und Preacher-Slam, Göttingen 2018.

ROHNER, M.: „… die Fragilität einer heutigen religiösen Existenz erkunden" (Christian Lehnert). Bausteine zur Hermeneutik der Glaubenssprache im säkularen Zeitalter, in: M. Eckholt/H. El Mallouki (Hg.), Offenbarung und Sprache, Göttingen 2021, 203–221.

SCHRÖER, H.: Theo-Poesie, in: B. Beuscher u. a. (Hg.), Prozesse postmoderner Wahrnehmung, Wien 1996, 83–91.

SCHRÖER, H. u. a. (Hg.): Theopoesie. Theologie und Poesie in hermeneutischer Sicht, Rheinbach 1998.

SLOTERDIJK, P.: Den Himmel zum Sprechen bringen. Elemente der Theopoesie, Berlin 2020.

SPICKER, F.: Der deutsche Aphorismus im 20. Jahrhundert. Spiel, Bild, Erkenntnis. Tübingen 2004.

SPICKER, F./WILBERT, J. (Hg.): Größe im Kleinen. Der Aphorismus und seine Nachbarn, Bochum 2015.

STOCK, A.: Poesie und Liturgie. Zur Sprache des Gottesdienstes, Kevelaer 2010.

TÜCK, J.-H. (Hg.): „Feuerschlag des Himmels". Gespräche im Zwischenraum von Literatur und Religion, Freiburg/Basel/Wien 2018.

TÜCK, J.-H./MEYER, T. (Hg.), Die Kunst umspielt das Geheimnis. Literarische Annäherungen, Freiburg/Basel/Wien 2019.

TÜCK, J.-H./MEYER, T. (Hg.): Nah – und schwer zu fassen. Im Zwischenraum von Literatur und Religion, Freiburg/Basel/Wien 2017.

WEIDNER, D. (Hg.): Handbuch Literatur und Religion, Stuttgart 2016.

WEIDNER, D. u. a. (Hg.): Literatur / Religion. Bilanz und Perspektiven eines interdisziplinären Forschungsgebietes, Stuttgart 2019.

WENZEL, K.: Poesie des aufgegebenen Worts. Zwischen Macht und Zärtlichkeit, Schweigen und Erzählung, Schuld und Rettung: Theologische Lektüren in den Gefilden der Literatur, Ostfildern 2019.

WINKLER, V.-S.: Leise Bekenntnisse. Die Bedeutung der Poesie für die Sprache der Liturgie am Beispiel Hilde Domins, Ostfildern 2009.

ZWANGER, H./KUSCHEL, K.-J. (Hg.): Gottesgedichte. Ein Lesebuch zur deutschen Lyrik nach 1945, Tübingen 2011.

# Anmerkungen

1   U. KOLBE, Psalmen, Frankfurt 2017, 28.

2   Zur präzisen Unterscheidung des Redens von, zu und mit Gott siehe etwa A. KREBS, Gottes Verheißung, Gottes Scheitern, Freiburg/Basel/Wien 2021, 20–31 (Lit.).

3   Noch vor wenigen Generationen konnte man theologisch und pastoral vom Gegenteil ausgehen und sich vorstellen, dass Gott sowohl zu festen Gebetszeiten als auch außerhalb fixer Sprechstunden ein offenes Ohr für jeden Menschen hat. Vgl. exemplarisch das „Soldatengebetbuch" von P. ROTH, Gott ist jederzeit zu sprechen, Würzburg ⁶1963.

4   Vgl. hierzu St. KOPP/B. KRYSMANN (Hg.), Online zu Gott?! Liturgische Ausdrucksformen und Erfahrungen im Medienzeitalter, Freiburg/Basel/Wien 2020.

5   Die sog. inklusive Schreibweise (z. B. Theolog*in, Theolog:innen, TheologInnen oder Theolog/inn/en) wird im Folgenden nur dann verwendet, wenn es um Individuen in ihrer Geschlechterdifferenz geht, nicht um den Typus, der im Deutschen zumeist durch die maskuline Form bezeichnet wird. Insofern wird auch „Mensch" als Integralbezeichnung für männliche, weibliche und nicht-binäre Personen gebraucht. Von „Menschinnen" ist allenfalls in kabarettistischen Genderparodien die Rede.

6   Während der ersten Wellen der Corona-Pandemie 2020/21 erlebte die Nutzung digitaler Kommunikationsmöglichkeiten einen regelrechten Boom – von der FamilienkreisWhatsApp über die Kaplanspredigt auf der Gemeindehomepage bis zum wöchentlichen erzbischöflichen YouTube-Auftritt. Allerdings waren es häufig notdürftige Innovationen. Die technische Qualität von Podcasts, Videos und Gottesdienstübertragungen war anfangs äußerst dürftig. Mancher Gottesdienst, der aus einer Bischofskapelle übertragen wurde, blieb hinsichtlich Bildregie, Kamerafahrt, Umschnitt etc. auf peinliche Weise amateurhaft. Immerhin erhielt man interessante Einblicke in die Arbeitszimmer des streamenden pastoralen Personals. Bisweilen verfing sich auch der voyeuristische Blick in der Einrichtung des Arbeitszimmers. Nicht selten kam dabei neben dem Ikea-Bücherregal im Hintergrund die Dachschräge ins Bild und verführte zu ebenso schrägen Assoziationen. So schief diese

Eindrücke auch waren, so uninteressant war in der Regel die Botschaft. Meist unterblieben inhaltliche Innovationen, die dem „neuen" Medium und der disruptiven Krisenentwicklung Rechnung tragen. Stattdessen blühten theologische Allzeitfloskeln auf („Gott ist uns auch in der Krise nahe."), deren inflationärer Gebrauch die religiöse und existenzielle Entwertung nach sich zog. Vgl. hierzu in diesem Band auch den Abschnitt „Gottesrede im Zwiespalt".

7    Als Ratgeber für digitales Publizieren empfehlen sich St. PO-ROMBKA, Schreiben unter Strom. Experimentieren mit Twitter, Blogs, Facebook & Co., Mannheim 2012; S. DIEHM/L. SINTER-MANN, Erfolgreiche Blogtexte. Inspiriert und kreativ schreiben für guten Content, Frechen 2016.

8    Siehe etwa St. ALTMEYER u. a. (Hg.), Christliche Katechese unter den Bedingungen der „flüchtigen Moderne", Stuttgart 2016.

9    Vgl. vor diesem Hintergrund als Antwortversuch H.-J. HÖHN, Gottes Wort – Gottes Zeichen. Systematische Theologie, Würzburg 2020.

10    Die vielen Verstehensprobleme und das Unverständnis, das die überkommene Gottesrede auslöst, sind ebenso wie das Unvermögen und der Unverstand, mit denen von Seiten der Theologie und Kirche darauf reagiert wird, seit Jahrzehnten immer wieder Gegenstand der Theologie- und Kirchenkritik. Vgl. zuletzt J. FED-DERSEN/Ph. GESSLER, Phrase unser. Die blutleere Sprache der Kirche, München 2020. Das Buch des Sprachtrainers und Kommunikationsberaters E. FLÜGGE, Wie die Kirche an ihrer Sprache verreckt. Der Jargon der Betroffenheit, München 2016, liest sich streckenweise wie eine populäre Coverversion von E. BISER, Religiöse Sprachbarrieren. Aufbau einer Logaporetik, München 1980. Für Biser ist „das Religiöse heute weithin zum Ort eines ‚betretenen' Schweigens bedingt durch Sprachnot und Kommunikationsschwierigkeiten geworden. Und dort, wo als Ausnahme von diesem Regelfall doch noch, vielleicht sogar mit besonderer Beflissenheit gesprochen wird, geschieht es vielfach auf eine frustrierende, den Gegenstand zerredende und den Partner verfehlende Weise, die anstelle eines Dialogs nur eine wortreiche Geräuschkulisse zustandebringt." (ebd., 13). – Wie wenig sich binnen 40 Jahren an einer religionspädagogischen Diagnose von Defiziten religiöser Sprachfähigkeit verändert hat, zeigt der Abgleich von H. ZIRKER, Sprachprobleme im Religionsunterricht, Düsseldorf 1972, mit St. ALTMEYER, Fremdsprache Religion? Sprachempirische Studien im Kontext religiöser Bildung, Stuttgart 2011.

[11] Vgl. zu dieser Problematik u. a. M. M. LINTNER (Hg.), God in question. Religious language and secular languages, Brixen 2014; M. ROSE/M. WERMKE (Hg.), Religiöse Rede in postsäkularen Gesellschaften, Leipzig 2016. – Um zu verstehen, warum sich angesichts religiöser Rede hauptsächlich Unverständnis und Missverstehen breit machen, müsste man rekonstruieren, wie es dazu kam, dass es immer wieder dazu kommt, dass man auf der religiösen und säkularen Seite nicht versteht, warum man sich nicht versteht. Siehe dazu etwa M. N. GOLDBERG u. a. (Hg.), Missverstehen. Zu einer Urszene der Hermeneutik, Paderborn 2022.

[12] B. BRECHBÜHL, Unikum (1972), in: H. Herbst/D. Mendlewitsch (Hg.), Die Erde spricht mit Gott, Münster 2017, 184.

[13] Vgl. A. GRÜN/T. HALIK, Gott los werden. Warum der Glaube den Unglauben braucht, Freiburg/Basel/Wien 2019.

[14] W. BIERMANN, Wie man Verse macht und Lieder. Eine Poetik in acht Gängen, Köln 1997, 178.

[15] Vgl. dazu E. BISER, Gott verstehen. Erwägungen zum Verhältnis von Mensch und Offenbarung, München/Freiburg 1971; DERS., Glaubensverständnis. Grundriß einer hermeneutischen Fundamentaltheologie, Freiburg/Basel/Wien 1975.

[16] Siehe dazu Ch. TAYLOR, Das sprachbegabte Tier. Grundzüge des menschlichen Sprachvermögens, Berlin 2017.

[17] Th. WEISS, am anfang, in: H. Zwanger/K.-J. Kuschel (Hg.), Gottesgedichte, Tübingen 2011, 188.

[18] E. ZELLER, Auf dem Wasser gehen. Ausgewählte Gedichte, Stuttgart 1979, 46.

[19] F. GÜNTHER, Der Geschmack der Wörter, in: M. L. Knott/G. Witte (Hg.), Mit anderen Worten. Zur Poetik der Übersetzung, Berlin 2014, 176.

[20] In der katholischen Kirche hat man in der Folge zahlreicher Skandale bereits mit einer kaum noch abwendbaren Insolvenz zu kämpfen. Gläubige nehmen sich als Gläubiger wahr. Sie müssen den Geschäftsführern ihres „Gottesunternehmens" (M. Schramm) Kredit gewähren, um ihm die Chance zu erhalten, sich auf dem Markt der Sinnanbieter zu behaupten, Stammkunden zu binden und neue Interessenten zu finden. Das Risiko ist jedoch groß, bei anhaltenden „Gewinnwarnungen" auch das neu aufgenommene Kapital gänzlich abschreiben zu müssen. Am Ende steht der Konkurs. Die Konkursgründe mögen vielfältig sein. Selten sind es Produktmängel, die die Nachfrage einbrechen lassen. Häufig sind es Verstöße gegen Treu und Glauben, die zur Unternehmenskrise

führen. Aber jede Krise ist im Kern eine Vertrauenskrise, die als Kommunikationskrise begonnen hat und in einem kommunikativen Desaster endet. Kann man denjenigen trauen, die treuherzig versichern, alles zu tun, um ein böses Ende abzuwehren, nachdem sie geraume Zeit verschleiert und vertuscht haben, wie gläubiges Vertrauen missbraucht wurde? Ein Lehrbeispiel liefern die in zahlreichen deutschen Diözesen seit 2018 erstellten Gutachten zur Aufarbeitung sexuellen Missbrauchs durch Kleriker, wenn es dabei um die Aufdeckung systemischer Ursachen dieses Missbrauchs sowie um die individuellen Anteile an seiner Vertuschung geht. Im ersten Fall wird bestritten, dass Bischöfe in der Kirche eine „Organisationsverantwortung" zu übernehmen haben. Im zweiten Fall legen sie Wert auf die Feststellung, dass ihnen keine justiziablen Vergehen nachweisbar sind. Auf der Strecke bleiben dabei die Belange der Missbrauchsopfer sowie Treu und Glauben von Katholiken, die sich als Mitglieder einer „Täterorganisation" wahrnehmen müssen. Vgl. hierzu u. a. H.-J. SANDER, Anders glauben, nicht trotzdem. Sexueller Missbrauch der katholischen Kirche und die theologischen Folgen, Ostfildern 2021.

[21] Th. PRÖPPER, Evangelium und freie Vernunft, Freiburg/Basel/Wien 2001, 73.

[22] Zum Folgenden siehe auch H.-J. HÖHN, Der „totgeglaubte" Gott, in: J. Knop (Hg.), Die Gottesfrage zwischen Umbruch und Abbruch, Freiburg/Basel/Wien 2019, 306–324; DERS., Abschied vom „lieben" Gott. Über Risiken und Nebenwirkungen theologischen Leichtsinns, in: Pastoralblatt 72 (2020) 163–170.

[23] Vgl. A. STAHL, „Wo warst du, Gott?" Glaube nach Gewalterfahrungen, Freiburg/Basel/Wien 2022.

[24] K. v. STOSCH, Die Frage nach Gott offenhalten, in: J. Rahner/ Th. Söding (Hg.), Kirche und Welt – ein notwendiger Dialog, Freiburg/Basel/Wien 2019, 49. Eine differenzierte Deutung des exegetischen Befundes wird angemahnt von Th. J. BAUER, Abseits von Güte und Liebe. Dunkle und erschreckende Züge neutestamentlicher Gottesbilder, in: Theologie der Gegenwart 63 (2020) 263–279.

[25] E. FRIED, Don Juan holt sich selbst, in: Ders., Gesammelte Liebesgedichte, Berlin 2004, 84.

[26] Vgl. hierzu kurz und knapp H.-J. HÖHN, Viae/Wege der Gottesrede, in: C. Dockter u. a. (Hg.), Theologische Grundbegriffe, Paderborn 2021, 171–172.

27 Vgl. exemplarisch W. KASPER, Barmherzigkeit. Grundbegriff des Evangeliums – Schlüssel christlichen Lebens, Freiburg/Basel/ Wien ²2019.

28 Vgl. M. BÖHM/O. FUCHS, Würde statt Verwertung in der Arbeitswelt, Würzburg 2022.

29 M. L. KASCHNITZ, Dein Schweigen – meine Stimme. Neue Gedichte, Hamburg 1962, 12.

30 Dieser Vorwurf ist diverser. Initiativen zur „Neuevangelisierung" Europas nicht zu ersparen, die bisweilen changieren zwischen kopfloser Frömmigkeit, schwärmerischer Überheblichkeit und religiöser Naivität. Vgl. exemplarisch J. HARTL u. a. (Hg.), Mission Manifest. Die Thesen für das Comeback der Kirche, Freiburg/Basel/Wien 2018.

31 Zur näheren Bestimmung eines modernisierungsbedingten Bedürfnisses der Selbstaffirmation siehe C. STRENGER, Die Angst vor der Bedeutungslosigkeit, Gießen 2016.

32 E. DREWERMANN, Wendepunkte oder: Was eigentlich besagt das Christentum?, Ostfildern 2014, 9.

33 Vgl. dazu auch H.-J. HÖHN, Im religiösen Dunkelfeld? Coronare Assoziationen, in: Pastoralblatt 73 (2021) 10–15; M. STRIET, Theologie im Zeichen der Corona-Pandemie, Ostfildern 2021; J. WERZ (Hg.), Gottesrede in Epidemien. Theologie und Kirche in der Krise, Münster 2021; M. WASMAIER-SAILER/M. DURST (Hg.), Plagen – Seuchen – Pandemien, Freiburg/Basel/Wien 2021.

34 R. GERNHARDT, Später Spagat, Frankfurt 2006, 19.

35 Zum Folgenden siehe auch H.-J. HÖHN, Religiöse Sprachbarrieren, in: M. Thurner (Hg.), Eugen Biser. Die Hauptwerke im Diskurs, Freiburg/Basel/Wien 2020, 113–134.

36 E. BISER, Sprachbarrieren, 15.

37 K. MARTI, geduld und revolte, Stuttgart 2011, 40.

38 Zu erheblichen Kontroversen führten geplante Neuübersetzungen des römischen Messbuches, die auf Geheiß der römischen Kurie möglichst nah am Wortlaut und Sprachduktus der lateinischen Vorlage bleiben sollen. Vgl. B. KRANEMANN/St. WAHLE (Hg.), „... Ohren der Barmherzigkeit". Über angemessene Liturgiesprache, Freiburg/Basel/Wien 2011.

39 Vgl. dazu W. HOMOLKA/E. ZENGER (Hg.), „... damit sie Jesus Christus erkennen". Die neue Karfreitagsfürbitte für die Juden, Freiburg/Basel/Wien 2008.

40 Siehe hierzu mit zahlreichen Belegen und Beispielen H. Schweizer, „… deine Sprache verrät dich". Grundkurs Religiosität – Essays zur Sprachkritik, Münster 2002.

41 K. Marti, geduld und revolte. Die gedichte am rand, Stuttgart 2011, 26.

42 A. Jantzen, Gotteswort, weiblich. Wie heute zu Gott sprechen?, Freiburg/Basel/Wien 2022, 26. Zum Ganzen siehe auch St. Schmid-Keiser, „Und wenn sie doch mehr von Gott erzählten …" Auf der Suche nach einer angemessenen Liturgiesprache, Regensburg 2021.

43 Vgl. U. Bail u. a. (Hg.), Bibel in gerechter Sprache, Gütersloh 2006. Zur kritischen Resonanz siehe etwa I. U. Dalferth/ J. Schröter (Hg.), Bibel in gerechter Sprache? Kritik eines misslungenen Versuchs, Tübingen 2007.

44 Vgl. hierzu Th. Niedballa, Der spirituelle Mensch und die Sehnsucht nach Lobpreis, in: Zeitschrift für Theologie und Gemeinde 24 (2019) 157–183 (Lit.).

45 G. Langenhorst, Das Wort Gott – ein „Wirkwort" (Andreas Knapp). Literarische Sprach-Schulungen für Theologie und Religionspädagogik, in: F. v. Oorschot/S. Ziermann (Hg.), Theologie in Übersetzung? Religiöse Sprache und Kommunikation in heterogenen Kontexten, Leipzig 2019, 129.

46 H. Joas, Brauch der Mensch Religion? Über Erfahrungen der Selbsttranszendenz, Freiburg/Basel/Wien 2004, 62.

47 Zur Sichtung von Übersetzungsproblemen und Ansätzen ihrer Lösung siehe ausführlich B. Grümme, Praxeologie. Eine religionspädagogische Selbstaufklärung, Freiburg/Basel/Wien 2021, 167–213. Vgl. ferner G. Steiner, Nach Babel. Aspekte der Sprache und des Übersetzens, Berlin 2014, 7–49; M. L. Knott/G. Witte (Hg.), Mit anderen Worten. Zur Poetik der Übersetzung, Berlin 2014. – Wer sich als Übersetzer betätigen will, muss gelegentlich Worte ersetzen. Dabei ist wenig gewonnen, wenn nur die Bedeutung im Ersatzwort gewahrt bleibt. Ebenso muss die performative Kraft des ersetzten Wortes deutlich werden. „Beim Übersetzen geht es nicht darum, was ein Text sagt, sondern mehr noch um das, was er macht, um mehr als um den Sinn, um die Kraft, den Affekt", H. Meschonnic, Ethik und Poetik des Übersetzens, Berlin 2021, 65.

48 W. Biermann, Wie man Verse macht und Lieder, Köln 1997, 153.

49 Von Martin Buber wird die Anekdote überliefert, dass er einst von einem Internationalen Institut für Philosophie in Amsterdam den Plan zum Aufbau einer Akademie erhalten habe, „deren Aufgabe es sein sollte »Wörter spirituellen Wertes für die Sprache abendländischer Völker zu schaffen«, und das heißt, von der Mehrdeutigkeit befreite Wörter. Ich antwortete, meines Erachtens sei der Mißbrauch der großen alten Worte zu bekämpfen, nicht der Gebrauch neu angefertigter zu lehren", M. BUBER, Das Wort, das gesprochen wird, in: Ders. u. a., Sprache und Wirklichkeit. Essays, München 1967, 12 f.

50 E. BENYOËTZ, Die Zukunft sitzt uns im Nacken, Würzburg 2020, 143.

51 W. BIERMANN, Wie man Verse macht, 178.

52 Im Bistum Limburg hat es in der Fastenzeit 2022 Angebote gegeben im spirituellen „Kurzzeitcoaching, Berufungscoaching, Charismencoaching" (vgl. https://bistumlimburg.de/beitrag/mit-coaches-auf-veraenderung-schauen/).

53 Vgl. H. HALBFAS, Religiöse Sprachlehre. Theorie und Praxis, Ostfildern 2012.

54 Entsprechende Anregungen für Selbststudium und Unterricht finden sich bei L. v. WERDER, Lehrbuch des kreativen Schreibens. Grundlagen, Technik, Praxis, Wiesbaden ²2016; H.-J. ORTHEIL, Mit dem Schreiben anfangen. Fingerübungen des kreativen Schreibens, Mannheim 2017; F. GESING, Kreativ schreiben. Handwerk und Technik des Erzählens, Köln ⁴2018; M. LEIS, Kreatives Schreiben. 111 Übungen, Stuttgart 2019.

55 Zum Folgenden siehe auch A. ASSMANN, Im Dickicht der Zeichen, Berlin 2015, 291–296.

56 Zur exegetischen Erschließung dieser Episode siehe St. SCHREIBER, „Verstehst du denn, was du liest?" Beobachtungen zur Begegnung von Philippus und dem äthiopischen Eunuchen (Apg 8, 26–40), in: SNTU 21 (1996) 42–72. Vgl. ferner B. DRESSLER, Verstehst du, was du liest? Die „Emmaus-Jünger" (Lk 24, 1–35) und der „Kämmerer aus dem Morgenland" (Apg 8, 26–39) als religionsdidaktische Anstöße, in: A. Standhartinger u. a. (Hg.), Kunst der Deutung – Deutung der Kunst, Berlin 2007, 177–182.

57 Intensiv werben die Vertreter der „Analytischen Theologie" für einen Denkstil, für den der Syllogismus die Idealform eines theologischen Gedankengangs darstellt. In den Hintergrund tritt dabei jedoch die Frage, welches existenzielle Bezugsproblem einen Menschen überhaupt dazu motivieren kann, sich für einen reli-

165

giösen Gedanken und für ein theologisches Argument zu interessieren. Vgl. dazu ausführlich H.-J. Höhn, Glauben und Verstehen. Hermeneutische Desiderate einer „Analytischen" Theologie, in: Ders. u. a. (Hg.), Analytische und Kontinentale Theologie im Dialog, Freiburg/Basel/Wien 2021, 196–219.

[58]    Siehe hierzu auch P. Goergen, SeitenSprünge. Literaten als religiöse Querdenker, Solothurn/Düsseldorf 1995.

[59]    A. Knapp, Höher als der Himmel. Göttliche Gedichte, Würzburg [6]2018, 28.

[60]    K.-J. Kuschel, Die Herausforderung der zeitgenössischen Lyrik für das Sprechen von Gott, in: H. Zwanger/K.-J. Kuschel (Hg.), Gottesgedichte, Tübingen 2011, 202–203.

[61]    Eindringlich warnt K. Wenzel, Poesie des aufgegebenen Worts, Ostfildern 2019: „Das Interesse der Theologie an der Literatur gilt dabei wohl zunächst religiösen Motiven und theologischen Themen: ob ihnen nicht außerhalb des formatierten Rahmens einer Religion, auf dem freien Feld der Literatur, überraschend neue Bedeutungen ablesbar werden. Daran schließt unmittelbar die Frage sich an, ob die Literatur nicht eigene Zugänge zu genuinen Gehalten der Religion kennt, gerade weil sie ein dogmatisch ungebändigtes Feld der Bedeutungen ist" (7). – „Eine theologische Annäherung an die Literatur, die dieser gerecht werden will, muss an ihr heterogen zu werden bereit sein. Denn die Literatur gibt es nicht an sich, sondern nur in der Vielgestalt der je inkommensurablen literarischen Werke. Wo die Theologie idealtypisch die pluriforme Bedeutungswirklichkeit auf den Begriff zu bringen sucht, läuft die Literatur quecksilbrig in alle Richtungen auseinander" (8).

[62]    Vgl. II. Vatikanisches Konzil/Gaudium et spes, nr. 62: „Auf ihre Weise sind auch Literatur und Kunst für das Leben der Kirche von großer Bedeutung. Denn sie bemühen sich um das Verständnis des eigentümlichen Wesens des Menschen, seiner Probleme und seiner Erfahrungen bei dem Versuch, sich selbst und die Welt zu erkennen und zu vollenden; sie gehen darauf aus, die Situation des Menschen in Geschichte und Universum zu erhellen, sein Elend und seine Freude, seine Not und seine Kraft zu schildern und ein besseres Los des Menschen vorausahnen zu lassen. So dienen sie der Erhebung des Menschen in seinem Leben in vielfältigen Formen je nach Zeit und Land, das sie darstellen". – Zu diesem Themenkomplex siehe aus systematisch-theologischer Sicht C. I. Avanatti de Palumbo, Literatur – eine wichtige hermeneutische

Vermittlung für die Theologie, in: Concilium 52 (2017) 522–529; R. Dausner, Die Literatur als Herausforderung und Impulsgeber der Theologie, in: Hirschberg 62 (2009) 616–623; M. Kutzer, In Wahrheit erfunden. Dichtung als Ort theologischer Erkenntnis, Regensburg 2006; Dies., Zwischen Sprachkritik und Weltentwurf. Poetische Texte und ihr theologisches Potential, in: MThZ 67 (2009) 327–337.

[63] J.-H. Tück, Einleitung, in: Ders./T. Mayer (Hg.), Nah – und schwer zu fassen. Im Zwischenraum von Literatur und Religion, Freiburg/Basel/Wien 2017, 13.

[64] G. Langenhorst, Theologie & Literatur. Ein Handbuch, Darmstadt 2005, 231. Zur theologischen Ausleuchtung der Gegenwartsliteratur siehe auch Ders., „In welchem Wort wird unser Heimweh wohnen?" Religiöse Motive in der neueren Literatur, Freiburg/Basel/Wien 2020; Ders., „Ich gönne mir das Wort Gott". Annäherungen an Gott in der Gegenwartsliteratur, Freiburg/Basel/ Wien 2009; K. Wenzel, Poesie des aufgegebenen Worts. Theologische Lektüren im Gefilde der Literatur, Ostfildern 2019; M. Braun, Probebohrungen im Himmel. Zum religiösen Trend in der Gegenwartsliteratur, Freiburg/Basel/Wien 2018; E. Garhammer, Erzähl mir Gott. Theologie und Literatur auf Augenhöhe, Würzburg 2018; Ders. (Hg.), Literatur im Fluss. Brücken zwischen Poesie und Religion, Regensburg 2014; Ders., Zweifel im Dienst der Hoffnung. Poesie und Theologie, Würzburg 2011; D. Linke u. a. (Hg.), Sprachen des Unsagbaren. Zum Verhältnis von Theologie und Gegenwartsliteratur, Wiesbaden 2017; R. Faber/A.-B. Renger (Hg.), Religion und Literatur. Konvergenzen und Differenzen, Würzburg 2017; T. Lörke/R. Walter-Jochum (Hg.), Religion und Literatur im 20. und 21. Jahrhundert. Motive, Sprechweisen, Medien, Göttingen 2015; O. Fuchs, Im Raum der Poesie. Theologie auf den Wegen der Literatur, Ostfildern ²2015; Ch. Gellner, Zeitgenössische Literatur – Echolot für Religion? Erkundungen in der deutschsprachigen Gegenwartsliteratur, in: M. Durst/H. J. Münk (Hg.), Religion und Gesellschaft, Fribourg 2007, 197–240.

[65] K. Marti, Gott im Diesseits. Versuche zu verstehen, Stuttgart 2012, 27.

[66] M. Krüger, Wettervorhersage, St. Pölten/Salzburg 1998, 59.

[67] Vgl. V. Groebner, Wissenschaftssprache. Eine Gebrauchsanweisung, Konstanz 2018; K. Adamzik, Fachsprachen. Die Konstruktion von Welten, Tübingen 2018; J. Mittelstrass u. a., Wis-

senschaftssprache. Ein Plädoyer für Mehrsprachigkeit in der Wissenschaft, Stuttgart 2016.

[68] Papst FRANZISKUS, Apostolisches Schreiben *Evangelii Gaudium* (hg. vom Sekretariat der Deutschen Bischofskonferenz), Bonn 2013, 36.

[69] Dieser Aufgabe nimmt sich an mit atheistisch-humanistischer Verve W. BIERMANN, Mensch Gott!, Berlin 2021.

[70] Vgl. zuletzt H. OSTERHUIS, Wartezeiten. Neue Gedichte über Gott und die Welt, Ostfildern 2020; DERS., Alles für alle. Ein Glaubensbuch für das 21. Jahrhundert, Ostfildern 2018. Siehe auch C. KOK, Das Huub Oosterhuis Lesebuch, Freiburg/Basel/Wien 2013; A. STOCK, Andacht. Zur poetischen Theologie von Huub Oosterhuis, St. Ottilien 2011.

[71] Vgl. D. SÖLLE, Das Eis der Seele spalten. Theologie und Literatur in sprachloser Zeit. Mainz 1996. Siehe ferner K. ASCHRICH, Theologie schreiben. Dorothee Sölles Weg zu einer Mystik der Befreiung, Berlin/Münster 2006; H. KUHLMANN (Hg.), Eher eine Kunst als eine Wissenschaft. Resonanzen der Theologie Dorothee Sölles, Stuttgart 2007.

[72] Vgl. K. MARTI, Werkauswahl in fünf Bänden, Zürich 1996. Siehe ferner P. BÜHLER/A. MAUZ (Hg.), Grenzverkehr. Beiträge zum Werk Kurt Martis, Göttingen 2016; Ch. MAUCH, Poesie – Theologie – Politik. Studien zu Kurt Marti, Tübingen 1992.

[73] Vgl. G. BACHL, Gott bewegt, Würzburg 2012; DERS., feuer, wasser, luft, erde. Neue Psalmen, Innsbruck/Wien 2011; DERS., Gottesbeschreibung. Reden und Lesestücke, Innsbruck/Wien 2002. Siehe auch G. M. HOFF/U. WINKLER (Hg.), Poesie der Theologie. Versuchsanordnungen zwischen Literatur und Theologie (Bachl-Lectures 2007–2011), Innsbruck/Wien 2012.

[74] Vgl. Ch. LEHNERT, Stille ohne Maß. Dichtung an der Grenze der Wörter, in: Stimmen der Zeit 144 (2019) 243–258; DERS., „Wer im Angesicht Gottes nicht nach Worten ringt, hat nicht begriffen.", in: J.-H. Tück (Hg.), „Feuerschlag des Himmels". Gespräche im Zwischenraum von Literatur und Religion, Freiburg/Basel/Wien 2018, 111–131; DERS., Teilchen. Cherubinischer Staub. Zur Verwandtschaft von poetischer und religiöser Rede, in: J.-H. Tück/T. Meyer (Hg.), Nah – und schwer zu fassen. Im Zwischenraum von Literatur und Religion, Freiburg/Basel/Wien 2017, 97–119. Siehe auch Ch. GELLNER, Die Bibel ins Heute schreiben. Erkundungen in der Gegenwartsliteratur, Stuttgart 2019, 204–218.

[75] Vgl. A. KNAPP, Der erdichtete Gott. Gedanken zur poetischen Gottesrede, in: M. Eckholt/H. El Mallouki (Hg.), Offenbarung und Sprache, Göttingen 2021, 175–183; DERS., Sucht neue Worte, das Wort zu verkünden, in: euangel. magazin für missionarische pastoral 1/2017, 1–1. Siehe auch G. LANGENHORST, Fortschreibungen mystischer Poesie. Die Dichter Christian Lehnert und Andreas Knapp, in: Geist und Leben 88 (2015) 294–306.

[76] Vgl. W. BRUNERS, Am Rande des Tages. Gedichte, Innsbruck/Wien 2020; DERS., Gottes hauchdünnes Schweigen, Würzburg 2019; DERS., Zuhause in zwei Zelten. Gedichte und Reflexionen, Innsbruck/Wien 2017; DERS., Niemandsland. Gott. Gedichte und Meditationen, Innsbruck/Wien 2015.

[77] Vgl. die Sammlungen theopoetischer Texte von Th. SCHLAGER-WEIDINGER, bleibende frische, Würzburg 2020; DERS., lichter horizont, Würzburg 2018; DERS., offene morgen, Würzburg 2016; DERS., verrückter himmel, Würzburg 2013.

[78] Vgl. Ch. HEIDRICH, Hunde des Himmels. Gedichte, Würzburg 2020; DERS., Auf der Suche nach der Glut. Essays zum Evangelium, Freiburg/Basel/Wien 2006.

[79] Vgl. hierzu J. BAUKE-RÜEGG, Theologische Poetik und literarische Theologie? Systematisch-theologische Streifzüge, Zürich 2004; O. BAYER, Gott als Autor. Zu einer poietologischen Theologie, Tübingen 1999; U. H. J. KOERTNER (Hg.), Poetologische Theologie? Zur ästhetischen Theorie christlicher Sprach- und Lebensformen, Ludwigsfelde 1999; K.-J. KUSCHEL, Theopoetik. Auf dem Weg zu einer Stillehre des Redens von Gott, Christus und dem Menschen, in: P. Reifenberg (Hg.), Gott – das bleibende Geheimnis, Würzburg 1996, 227–254; H. SCHRÖER u. a. (Hg.), Theopoesie. Theologie und Poesie in hermeneutischer Sicht, Rheinbach 1998. – Auf einer ganz anderen Linie bewegt sich P. SLOTERDIJK, Den Himmel zum Sprechen bringen. Elemente der Theopoesie, Berlin 2020. Seine historisch und zeitdiagnostisch angelegten Studien inspirieren die Bühnen und Kulissen religiöser Inszenierungen. Mit ironisch-süffisanter Kommentierung vermeintlicher Auftritte jenseitiger Mächte und Gewalten wird religiöse Theatralik entlarvt und eine subtile Variante der bekannten Kritik an religiösen Projektions-, Imaginations- und Illusionstechniken entwickelt.

[80] Th. SCHLAGER-WEIDINGER, lichter horizont, 5.

[81] Vgl. hierzu als Erstinformation A. GEISENHANSLÜKE, Poetik. Eine literaturtheoretische Einführung, Bielefeld 2018.

82 Zur genaueren Unterscheidung dieser Sprechakte siehe R. Schaeffler, Das Gebet und das Argument, Düsseldorf 1989.

83 Vgl. hierzu auch G. Langenhorst, Theopoesie. Eine kleine Rechtfertigung der sprachlichen Urform von Religion, in: S. Birkel (Hg.), Spoken Words. Poetry Slam in der Jugendpastoral, München 2018, 19–36.

84 J. B. Metz, Gotteskrise, in: Ders. u. a. (Hg.), Diagnosen zur Zeit, Düsseldorf 1994, 84 f.

85 J. B. Metz, Mystik der offenen Augen, Freiburg/Basel/Wien 2011, 103 f.

86 Vgl. in diesem Kontext C. Sedmak, Gottsuche und Selbsterkenntnis im Gebet. Bitten, Flehen und Dank in biblischen Texten, Freiburg/Basel/Wien 2022; A. Bodenheimer/J.-H. Tück (Hg.), Klagen, Bitten, Loben. Formen religiöser Rede in der Gegenwartsliteratur, Ostfildern 2014.

87 E. Benyoëtz, Scheinhellig. Variationen über ein verlorenes Thema, Wien 2009, 137.

88 E. Benyoëtz, Gottik, Würzburg 2019, 155.

89 „Poesie und Gebet verbindet eine Form des suchenden Sprechens. Ich habe sowohl in der Poesie als auch im Gebet für das, was ich sagen will, noch keine Worte. Im Gebet nähere ich mich dem Un-sagbaren Gottes; und in der Poesie setzte ich mich als Dichter ja nicht hin und schreibe, weil ich irgendetwas anderes, was ich sagen will, kunstvoll in Worte bringen will, sondern weil ich im Schreiben in Bereiche vordringe, die ich vorher noch nicht sagen konnte", Ch. Lehnert, „Die Silbe Gott leerhalten", in: B. Reinartz, Der Dichter und Theologe Christian Lehnert (online abrufbar https://www.deutschlandfunk.de/der-dichter-und-theologe-christian-lehnert-die-silbe-gott.886.de.html?dram:article_id =349212).

90 Erinnert sei an den dreifachen rhetorisch-kategorischen Imperativ von M. Luther, „Tritt fest auf, mach's Maul auf, hör bald auf." (Predigt über Matthäus 5: WA 32, 302).

91 L. Zenetti, In seiner Nähe. Texte des Vertrauens, Mainz 2002, 146.

92 Vgl. hierzu G. Bader, Lesekunst. Eine Theologie des Lesens, Tübingen 2018, bes. 180 ff., 484 ff.

93 Vgl. ausführlich hierzu H.-J. Höhn, Wahrhaft Gott – wahrhaft Mensch? Chalcedon und die Christologie heute, in: Th. Hainthaler u. a. (Hg.), Jesus der Christus im Glauben der einen Kirche, Freiburg/Basel/Wien 2019, 421–439.

94  Zur Erstinformation siehe J. WERBICK, Theologische Methodenlehre, Freiburg/Basel/Wien 2015, 247–314, 434–440.

95  J. WERBICK, Gott-menschlich. Elementare Christologie, Freiburg/Basel/Wien 2016, 264. Zu den Verschiebungen im Personverständnis siehe auch G. ESSEN, Die Personidentität Jesu Christ mit dem ewigen Sohn Gottes. Dogmenhermeneutische Überlegungen zur bleibenden Geltung der altkirchlichen Konzilienchristologie, in: IKaZ 41 (2012) 80–103.

96  G. LANGENHORST, Gedichte zur Gottesfrage, München 2003, 10.

97  A. KNAPP, ganz knapp. Gedichte an der Schwelle zu Gott, Würzburg 2020, 54.

98  Vgl. hierzu u. a. D. BURDORF, Einführung in die Gedichtanalyse, Stuttgart ³2015; J. STROBEL, Gedichtanalyse. Eine Einführung, Berlin ³2015. Zum Ganzen siehe auch D. LAMPING (Hg.), Handbuch Lyrik, Stuttgart ²2016; K. FELSNER/H. HELBIG/Th. MANZ, Arbeitsbuch Lyrik, Berlin ²2012.

99  N. GOMRINGER, Gottesanbieterin, Berlin 2020, 80.

100  Vgl. K. SCHOLTISSEK u. a., Art. „Wundmale Christi", in: LThK³ X, 1320–1324.

101  K. RAHNER/H. VORGRIMLER, Kleines Theologisches Wörterbuch, Freiburg ¹¹1978, 163.

102  A. KNAPP, Höher als der Himmel, Würzburg 2018, 18.

103  K.-J. KUSCHEL, Die Herausforderung der zeitgenössischen Lyrik für das Sprechen von Gott, in: in: H. Zwanger/K.-J. Kuschel (Hg.), Gottesgedichte, Tübingen 2011, 205.

104  S. ROSENHAUER, Art. Gottebenbildlichkeit", in: C. Dockter u. a. (Hg.), Theologische Grundbegriffe, Paderborn 2021, 72. Eine noch kürzere Definition gelingt E. DIRSCHERL, Art. „Gottebenbildlichkeit", in: W. Beinert/B. Stubenrauch (Hg.), Neues Lexikon der katholischen Dogmatik, Freiburg/Basel/Wien 2012, 287: „G. bedeutet repraesentatio Dei (Gottesrepräsentanz) im Sinne einer dynamischen, geschichtl. auszuübenden Stellvertretung Gottes, die sich in der Verantwortung für das eigene Leben wie für jenes von Mitmensch und Natur realisieren soll. G. ist dem Menschen aufgrund seiner Kreatürlichkeit verliehen; sie ist nicht von ihm selbst konstituiert."

105  A. KNAPP, ganz knapp. Gedichte an der Schwelle zu Gott, Würzburg 2020, 71.

[106] Einen kompakten Zugang zu Leben und Werk ebnet W. Lö-SER, Kleine Hinführung zu Hans Urs von Balthasar, Freiburg/Basel/Wien 2005.

[107] H. U. v. BALTHASAR, Eschatologie, in: J. Feiner u. a. (Hg.), Fragen der Theologie heute, Einsiedeln 1958, 407.

[108] L. ZENETTI, Auf seiner Spur. Texte gläubiger Zuversicht, Mainz ³2002, 198. Zu Person und Werk siehe das Porträt von G. LANGENHORST, Theopoesie für gestern, heute und morgen. Der Priesterdichter Lothar Zenetti, in: Geist und Leben 86 (2013) 62–75.

[109] R. KUNZE, Bittgedanke, dir zu Füßen, in: M. Reich-Ranicki (Hg.), Deutsche Gedichte und ihre Interpretationen von Peter Rühmkorf bis Volker Braun, Frankfurt 2002, 215.

[110] Zu den damit verbundenen Mühen und Qualen, Glücksmomenten und Rückschlägen siehe ausführlich C. AMLINGER, Schreiben. Eine Soziologie literarischer Arbeit, Berlin 2021, 480–522, 571–606.

[111] Oft wird die Kategorie „Stil" zur genre- oder epochentypischen Erfassung eines Werkes gebraucht, das in einer auffälligen (z. B. romantischen oder modernen) Manier geschrieben, gemalt, komponiert oder gebaut worden ist. Daneben werden mit „Stil" auch unverwechselbare Grundmuster gekennzeichnet, die für das Werk einzelner Autoren, die Ausprägung einzelner Kunstwerke oder Werktypen eigentümlich sind. Vgl. hierzu u. a. R. ROSENBERG/W. BRÜCKLE/H.-G. SOEFFNER/J. RAAB, Art. „Stil", in: K. Barck u. a. (Hg.), Ästhetische Grundbegriffe. Bd. 5, Stuttgart ²2010, 641–703; C. WEISSERT (Hg.), Stil in der Kunstgeschichte, Darmstadt 2009. – Eine sprachphilosophisch fundierte Systematik von Textsorten und Stilfiguren bietet J. HEINRICHS, Sprache. Bd. 5: Stilistik (Philosophische Semiotik II), München/Moskau 2009.

[112] Nur implizit begegnet dieser Aspekt bei B. DAHLKE/B. IRLEN-BORN (Hg.), Zwischen Subjektivität und Offenbarung. Gegenwärtige Ansätze systematischer Theologie, Freiburg/Basel/Wien 2021; M. DÜRNBERGER u. a. (Hg.), Stile der Theologie. Einheit und Vielfalt der Systematischen Theologie der Gegenwart, Regensburg 2017.

[113] N. GÓMEZ DÁVILA, Scholien zu einem inbegriffenen Text, Wien 2006, 452.

[114] Hat man zum eigenen Stil gefunden, kommt es darauf an, ihn derart zu pflegen, dass das Unnachahmliche vom Autor selbst in seinen weiteren Werken nachgeahmt, d. h. erhalten und variiert

wird. Zur Bedeutung dieser Kompetenzen siehe S. ZANETTI, Literarisches Schreiben. Grundlagen und Möglichkeiten, Stuttgart 2022, 127–133.

[115] Die Theologiegeschichte kennt einige prominente Belege der meisterlichen Beherrschung unterschiedliche Stile und Formen. Zu einem aufschlussreichen Vergleich theologischer und poetischer Texte aus dem Mittelalter siehe J.-H. TÜCK, Gabe der Gegenwart. Theologie und Dichtung der Eucharistie bei Thomas von Aquin, Freiburg/Basel/Wien [3]2014.

[116] Th. SCHLAGER-WEIDINGER, offene morgen, Würzburg 2016, 7.

[117] Ch. LEHNERT, Gott in einer Nuss, 118.

[118] „Man schätzt den Aphorismus unter anderem deshalb, weil er eine halbe Wahrheit enthält. Das ist ein ungewöhnlich hoher Prozentsatz", G. LAUB, Denken verdirbt den Charakter. Alle Aphorismen, München/Wien 1984, 9.

[119] Vgl. St. FEDLER, Der Aphorismus. Begriffsspiel zwischen Philosophie und Poetik, Stuttgart 1992; H. FRICKE, Art. „Aphorismus", in: G. Ueding (Hg.), Historisches Wörterbuch der Rhetorik. Bd. 1, Tübingen 1992, 773–790; C. STRUBE, Der philosophische Aphorismus, in: T. Borsche/J. Kreuzer (Hg.), Weisheit und Wissenschaft, München 1995, 227–236. Zum Ganzen siehe die Standardwerke von F. SPICKER, Der Aphorismus. Begriff und Gattung von der Mitte des 18. Jahrhunderts bis 1912, Berlin 1997; DERS., Der deutsche Aphorismus im 20. Jahrhundert. Spiel, Bild, Erkenntnis, Tübingen 2004; DERS., Kurze Geschichte des deutschen Aphorismus, Tübingen 2007. Zu den Quellen und zur Entwicklung dieser Gattung siehe auch DERS. (Hg.), Aphorismen der Weltliteratur, Stuttgart [2]2009, 336–361.

[120] Zu den Merkmalen dieser literarischen Formen siehe F. SPICKER, Art. Aphorismus, aphoristischer Stil, Denkspruch, Maxime, in: D. Burdorf u. a. (Hg.), Metzler Lexikon Literatur, Stuttgart/Weimar [3]2010, 36 f., 145, 481; DERS., Literarische Kleinformen, in: H. Brunner/R. Moritz (Hg.), Literaturwissenschaftliches Lexikon, Berlin [2]2006, 224–229; Th. ALTHAUS u. a. (Hg.), Kleine Prosa. Theorie und Geschichte eines Textfeldes im Literatursystem der Moderne, Tübingen 2007; S. HILZINGER u. a., Kleine literarische Formen in Einzeldarstellungen, Stuttgart 2002, 27–53. Eigens sei daran erinnert, dass man als Vorbild und Fundus für aphoristische Spruchweisheiten auch das alttestamentliche „Buch der Sprüche (Salomos)" betrachten darf. Vgl. dazu als Erstinformation

E. Reuter, Coole Sprüche. Spruchweisheit und Redensarten in der Bibel, in: Bibel und Kirche 71 (2016) 126–130.

[121] Dies gilt auch für U. Kirsch, Blaise Pascals „Pensées" (1656–1662). Systematische „Gedanken" über Tod, Vergänglichkeit und Glück, Freiburg/München 1989.

[122] Vgl. etwa die in „Sinnzeilen" gegliederten meditativen Texte von G. Theissen, Glaubenssätze. Ein kritischer Katechismus, Gütersloh 2012.

[123] Dieser Stilwechsel ist nicht nur ein Vorschlag an die akademische Zunft, sondern auch ein Vorhaben, das im Blick auf eigene Veröffentlichungen eine veränderte Tonlage anstimmt. Vgl. dazu H.-J. Höhn, Praxis des Evangeliums – Partituren des Glaubens. Wege theologischer Erkenntnis, Würzburg 2015, 307–316.

[124] W. Schneider, Deutsch für junge Profis, Reinbek [10]2018, 131.

[125] Erstlesern sei empfohlen E. Benyoëtz Der Mensch besteht von Fall zu Fall, Stuttgart 2009; Ders., Beteuert & gebilligt. Eine Lesung, Mödling 2016. Lesenswert sind seine Aphorismen über Aphorismen in: Ders., Die Zukunft sitzt uns im Nacken, Würzburg 2020, 146–168. Zu seiner poetologischen Arbeitsweise siehe Ch. Grubitz, Der israelische Aphoristiker Elazar Benyoetz, Tübingen 1994. Eine theologische Deutung seines Werkes unternehmen R. Dausner, Schreiben wie ein Toter. Poetologisch-theologische Analysen zum deutschsprachigen Werk des jüdisch-israelischen Dichters Elazar Benyoëtz, Paderborn 2007; M. Bongardt (Hg.), Zugrunde gegangen und hoch in die Jahre gekommen, Würzburg 2019; M. Bongardt, Ein Weg ins Deutsche. Biographie, Dichtung und Glaube im Werk des israelischen Autors Elazar Benyoëtz, Bremen 2013.

[126] Zum schmalen Grat, auf dem sich diese Sätze bewegen, siehe auch A. G. Weiss, Ausgelacht!? Glaube und die Grenzen des Humors, Freiburg/Basel/Wien 2021.

[127] E. Benyoëtz, Der eingeschlagene Umweg, Würzburg 2020, 27.

[128] Werden letzte Worte angekündigt, ist meist ein eschatologisches Pathos unvermeidlich. Letzte Worte sind Abschiedsworte. Sie werden in Todesnähe gesprochen. Das macht ihren Ernst und ihre Bedeutung aus. Hier versucht jemand, die Deutungshoheit über das eigene Leben zu behaupten – wohl wissend, dass auch ein Nachruf zwar eigenhändig formuliert werden kann, aber seine Endredaktion von fremder Hand kaum zu verhindern ist. Kein Mensch kann über sich selbst ein Wort sagen, das nicht vom

Nach-Wort anderer relativiert wird. Vgl. hierzu A. ECHTERHÖLTER, Akademisches Totenlob. Nachruf auf Wissenschaftler, in: Zeitschrift für Ideengeschichte 2 (2008) 22–38.

[129] Erste Notizen hierzu finden sich bei H.-J. HÖHN, Schluss machen – oder: Von der Kunst, mit dem Aufhören anzufangen, in: Lebendige Seelsorge 70 (2019) 115–119.

[130] Zur Konjunktur dieser Vorstellung siehe u. a. K. MAASS, „Spaßgesellschaft". Wortbedeutung und Wortgebrauch, Frankfurt/Bern 2003.

[131] Vgl. exemplarisch K. GEISSLER, Schlußsituationen. Die Suche nach dem guten Ende, Weinheim 2005.

[132] Vgl. H.-J. HÖHN, Viel Spaß! Über Zeiten und Menschen, die etwas zu lachen haben wollen, in: K. Wenzel (Hg.), Lebens-Lüste, Ostfildern 2010, 22–31.

[133] Vgl. H. BLÜMNER/L. EWERT, Schluss jetzt. Von der Freiheit, sich zu trennen, München 2019; J. MÜLLER-EBERT, Trennungskompetenz in allen Lebenslagen. Vom Loslassen, Aufhören und neu Anfangen, München 2007. Auf Partnerbörsen im Internet werden nicht nur Tipps für die Beziehungsanbahnung, sondern auch Warnsignale eines Beziehungsendes aufgelistet. Eine Spitzenstellung nimmt der Lustverlust ein (https://www.parship.de/rat geber/loslassen/beziehungsende/).

[134] Vgl. H. DETERING, Die Lust der Welt und die Kunst der Entsagung, Gütersloh 2013.

[135] Vgl. U. ACKERMANN/H. J. SCHMIDT (Hg.), Genuss – Askese – Moral. Über die Paternalisierung des guten Lebens, Frankfurt 2016; K. LEY, Die Kunst des guten Beendens. Wie große Veränderungen gelingen, Freiburg 2011.

[136] Vgl. M. DRANSMANN, Hochintensives Intervalltraining vs. extensive Dauermethode, Wiesbaden 2020.

[137] Vgl. hierzu ausführlich H.-J. HÖHN, Das Leben gut sein lassen!? Perspektiven ethischer Zeitdiagnostik, in: St. Herzberg/ H. Watzka (Hg.), Transzendenzlos glücklich?, Münster 2016, 169–200.

[138] Vgl. Th. KRÜGER, Schöpfung und Sabbat in Genesis 2,1–3, in: Ch. Karrer-Grube u. a. (Hg.), Sprachen – Bilder – Klänge, Münster 2009, 155–169.

[139] Vgl. dazu Ch. KERN, Im Scheitern aufhören können, in: Lebendige Seelsorge 70 (2019) 97–103; DERS., Scheitern Raum geben. Theologie für eine postsouveräne Gegenwartskultur, Ostfildern 2022.

140 Vgl. H.-J. Höhn, Tempo ohne Limit. Gesellschaft und Religion in der Beschleunigungsfalle, in: M. Vogt/M. Gigl (Hg.), Christentum und moderne Lebenswelten, Paderborn 2021, 140–151.

141 Eine Verzichtsleistung ist eine Aktion, die dem Vermeiden von Aktionen dient. Daneben gibt es einen Handlungs- bzw. Interventionsverzicht, der die Fortsetzung einer Aktion im Blick hat: Man lässt die Dinge einfach laufen. In den Lauf der Dinge einzugreifen ist nicht ratsam, wenn sich diese Dinge von selbst in die gewünschte Richtung bewegen. Gleichwohl ist die Devise „Laissez faire" eine ambivalente Form der Verknüpfung von Tun und Lassen. Dahinter können auch Gleichgültigkeit und Desinteresse stehen. Ähnliches gilt für das Sich-gehen-lassen. Es kann auf eine Phase der Beanspruchung, Verausgabung und Überanstrengung folgen und der Erholung im Modus des sorglosen In-den-Tag-lebens dienen. Es kann aber auch Zeichen der Vernachlässigung, der Nachlässigkeit im Umgang mit sich selbst und der resignativen Selbstaufgabe sein. – Zu einer ausführlichen Phänomenologie des Lassens siehe M. Seel, Sich bestimmen lassen, Frankfurt 2002, 270–298.

142 Vgl. S. Lederhilger (Hg), Des Menschen Leben ist wie Gras. Tabu Lebensende, Frankfurt/Bern 2013.